品成

阅读经典　品味成长

[日] 安田隆夫 著

宋刚 译

零售之王的胜利法则

運 ドン・キホーテ創業者
「最強の遺言」

运

人民邮电出版社

北京

图书在版编目（CIP）数据

运：零售之王的胜利法则 /（日）安田隆夫著；宋刚译 . -- 北京：人民邮电出版社，2025. --ISBN 978 -7-115-66132-6

Ⅰ. F733.131.7

中国国家版本馆 CIP 数据核字第 2024VS6423 号

- ◆ 著 ［日］安田隆夫
  译 宋 刚
  责任编辑 孙 睿
  责任印制 陈 犇
- ◆ 人民邮电出版社出版发行 北京市丰台区成寿寺路 11 号
  邮编 100164 电子邮件 315@ptpress.com.cn
  网址 https://www.ptpress.com.cn
  北京捷迅佳彩印刷有限公司印刷
- ◆ 开本：787×1092 1/32
  印张：8 2025 年 1 月第 1 版
  字数：108 千字 2025 年 10 月北京第 3 次印刷
  著作权合同登记号 图字：01-2024-5987 号

定价：49.80 元

读者服务热线： （010）81055671 印装质量热线： （010）81055316
反盗版热线： （010）81055315

"唐吉诃德"的奇迹之源

　　对我来说，"运 [①]"是永恒的命题。人到晚年，除了为自己的主业（企业经营）奋斗，我还想和大家聊聊"运"这件事。从这个角度来说，本书也算是我的"遗言"了。

　　在本书中，我会把自己在生活中、生意场上学到的东西倾囊相授，希望能对大家有所帮助。如果本书能给各位读者带来勇气、希望和幸福，那将是我的荣幸。除了企业经营，这是我能为社会做出的最大贡献和回馈了。

---

① 本书中的"运"不是宿命，是作者关于自己及企业成功的、正向的系统心态和方式方法。

连续 34 年业绩双增

我几乎不怎么出镜，所以肯定有很多读者不知道安田隆夫是谁。大家可能没听说过我，但一定听说过我开的店——"惊安的殿堂[①]"，也称"唐吉诃德[②]"，相信你们都在街头看到过那只招摇的企鹅。正如广告所说，走进店内，上到奢侈品牌，下到厕所卷纸，各种品类的商品琳琅满目，低廉的物价会让你大吃一惊。"唐吉诃德"就是这样一家综合折扣店。

1989 年 3 月，快 40 岁的我在东京都的府中市开了第一家"唐吉诃德"。接下来的几年，随着泡沫经济的破裂，消费市场陷入漫长的低迷状态。然而，"唐吉诃德"历经重重考验，仍然屹立不倒，甚至取得了令人瞩目的成绩。"唐吉诃德"自成立以来，连续 34 年增收增益，现在依然在创造新的业绩纪录。

"唐吉诃德"的门店数量在日本本土迅速增

---

① "惊安的殿堂"中，"惊安"的日语大意为"令人震惊的便宜"。
② 2019 年，"唐吉诃德"更名为"泛太平洋国际控股公司（PPIH）"。PPIH 现在负责唐吉诃德及其他品牌的整体运营和管理。

加，但我并没有止步于此。2006 年，"唐吉诃德"进军海外市场，第一家海外门店在美国夏威夷州正式开业。2017 年，亚洲第一家海外门店在新加坡开业，此后"唐吉诃德"进一步开拓亚洲市场。到 2025 年 6 月，海外门店预计将达到 140 家。

现在 PPIH 已经成为国际企业，全球门店共730 家，员工已超过 9 万人。截至 2024 年 6 月，年销售额已经突破了 2 万亿日元，而 2018 年的年销售额仅为 9400 亿日元。6 年时间，我们经历了多种考验，但年销售额还是整整翻了一倍。

年轻时，苦难、挫折和奋斗是生活常态

虽然有这么多辉煌的成就，但我的人生并不是一帆风顺的。正好相反，一开始，苦难、挫折和奋斗才是我生活的常态。

年轻的时候，我处处碰壁，内心也饱受煎熬。

大学毕业后，我去了一家小型房地产公司上班，但工作了不到 10 个月，那家公司就倒闭了。之后，我没有再找工作，而迷上了赌博，成了一个混吃等死的无业游民。我每天通宵打麻将，早

上回家蒙头大睡，到了晚上接着去麻将馆。当时的我简直是自甘堕落的典型。

再这样下去就真完了——30 岁的时候，我幡然醒悟。我注意到折扣店在日本各地逐渐兴起。于是，我决定孤注一掷。1978 年，我用攒下来的 800 万日元在东京西荻洼开了一家杂货店，名叫"泥棒市场"。这间仅有 18 坪^①的店面每个月的租金高达 20 万日元，但店里的生意并不好，进的货总是卖不出去，每天的营业额还不到 1 万日元。即便如此，"泥棒市场"还是让我积累了不少生意经验，为之后的创业打下了基础。1989年，我开了第一家"唐吉诃德"。第一年的营业额还不到 5 亿日元，让我狠狠地亏了一笔。在那之后，我还有很多次被推入谷底的经历。

从身无分文的穷小子到年销售额 2 万亿日元企业的创始人

我没有知识，没有经验，也没有人脉，进入

---

① 坪：日本等地常用的面积单位，1 坪约等于 3.3 平方米。

零售业，可以说赌上了我的整个人生，"输"了的话，我就只能去天桥下面睡纸箱子了。

幸运的是，结果还是不错的。我从一个身无分文的穷小子摇身一变，成了年销售额 2 万亿日元企业的创始人，被称作万里挑一的"成功企业家"。

"唐吉诃德"刚开业的时候，日本有好几万家中小型折扣店，支撑到现在的却寥寥无几。现在"唐吉诃德"的营收基本抵得过当时整个折扣零售业的营收总和。当时的很多经营者都比我更有实力，更热衷于工作，更愿意起早贪黑，但他们的身影最终都湮没在了时代的洪流中。

所以，我成功的原因到底是什么呢？我想了很久，最终只得到了一个答案——运。

"运"是可控的

我说的"运"可不只是一个人的"运气"。每当我谈到自己的人生经历，总有很多人对我说："安田，你的运气可真是太好了。"但我其实并不是大家常说的那种幸运儿，我只是凭借自己的努力，让"不幸"转换为"幸运"而已。

我认为每个人拥有的"运"都一样多，尽管现实看起来并不是这样。**为什么有的人总是事事顺遂，有的人却总是时运不济呢？其实，这全在于一个人如何利用降临到他头上的"运"。**

也就是说，运气好的人能充分利用自己的"运"，而那些倒霉的人则正好相反，或者说，他们根本不懂得该如何利用自己的"运"。人的很多行为都会给自己的"运"带来影响，比如，在逆境中作困兽之斗（第二章）、怨天尤人（第四章）等行为会严重影响一个人的运势。在下文中，我会详细为大家解释。

人生是幸运与不幸的交织。**身处逆境时，我们要让不幸最小化；顺风顺水时，我们要让幸运最大化。诸事不顺的时候，与其做无谓的挣扎，不如静待时机；当机会来临时，争取一击即中，扶摇直上。**我就是这样在生活和工作中利用自己的"运"的。总之，"运"是可控的。也可以说，**成功就是"幸运最大化和不幸最小化"。**

在此基础上，如果把个人的"运"转化为公司整体的"运"，那就能进一步发挥"运"的作用了。

我开始创业的时候，已经不算年轻了。第一家"唐吉诃德"开业的时候，我已经 39 岁了。在接下来的 10 多年中，我的企业急速壮大，但这中间也经历了重重挫折。直到我 50 岁，PPIH 的销售额才有了显著提升。2011 年，我已年过花甲。从那时到现在，PPIH 的营业额和纯利润整整翻了 3 倍，实现了飞跃性突破。

我想说的是，不只个人有自己的运势，企业或者团体也有集体运势，它很大程度上影响了企业的成长和发展。**集体运势一旦形成，集体里的每个人都会获得巨大的内驱力，这样的企业自然战无不胜。**

回首过去的 30 年，曾经称霸日本的家电制造业已经日薄西山，PPIH 的业绩却成倍增长，一年更胜一年。我可以毫不谦虚地说，这就是"集团运势"创造的奇迹。

"运"是无人谈及的终极真相

"运"不等于宿命。我们可以通过改变自己

的心态，把握自己的"运"。但很多人从来没有好好审视过自己的"运"，更没有认真谈论过它。他们只是把人生经历简单地概括为"运气好"和"运气不好"。

当然，像自然灾害带来的不幸，的确是人力所不能改变的。有人觉得"运势超越了人类的认知"，我并不想反驳这个观点，但我也绝不认同常说的"生死有命"，**我相信"运"是可以自己创造的。**

"运"是无人谈及的终极真相。回首过往，"运"就像一股强大的力量，操控着我的人生，但我一直试图将它掌控在自己的手中——我科学地看待"运"，客观分析自己成功的原因，充分利用个人运势和集体运势。我敢肯定，正是因为经过了"运"的千锤百炼，我和 PPIH 才能取得今天的成绩。

这样说来，我也算是"运"的见证人，所以我才能在这跟大家聊聊我自己对"运"的想法。

这是一本关于"运"的处世之书

我把本书定义为关于"运"的处世之书。我

不会跟大家兜圈子，说一些脱离实际的东西，也不会搞得像禅修问答那样高深莫测。我会结合自己的经验，谈谈我的真实感受，跟大家分享一些切实可行的方法。这本书不同于其他哲学、宗教或思想类的图书，它是一本讲究实际的书，旨在为大家提供一个全新的视角。

最后，在开始阅读之前还有几点要提醒大家。

本书第一章到第五章主要围绕个人运势展开，第六章和第七章围绕集体运势展开。在第八章和尾声部分，我会针对综合运势，也就是个人运势和集体运势的综合，谈谈自己的经验和想法。

如果个人运势不佳，那一切都无从谈起

大家应该已经注意到，如果个人运势差，集体运势自然也好不到哪儿去。也就是说，如果个人运势不佳，那一切都无从谈起。

另一方面，对于我这种经营者来说，如果集体运势不佳，个人运势也会受到影响。总而言之，**个人运势和集体运势是密不可分的，但我坚信个人运势是成功和幸福的起点。**

所以我要先跟大家声明，提升个人运势是重中之重。

接下来，就让我来带领大家探索"运"的奥义吧！我向各位保证，读完这本书以后，你一定会掌握拥有好运的秘诀。

01 第一章
踏上"运"的新大陆

摆脱思维停滞的状态……003

从儿时开始的孤独感和疏离感……004

年轻时的挫折……007

看清奸商的面目……008

一步踏错，就会万劫不复……009

给荒唐的日子画上句号……010

"运"是绝对概念，值得坚信……011

生意兴隆的秘诀是"反其道而行之"……013

为了生存绞尽脑汁……014

一家独大的"奇迹"是如何上演的……016

"370年"人生经验教会我的东西……017

总有一些情况是我们无法掌控的……019

"运势"和"运气"的区别……020

"运"是高级的复杂"科学"……020

敏锐地感知"运"……022

为成功播种的 6 年……022

相信的力量……024

挑战是转运的前提……025

"运"的科学——大数定律……026

做"运"的庄家……028

02 | 第二章
幸运最大化和不幸最小化

运气好的人能充分利用自己的"运"……033

"运"的守恒定律……034

居民抗议活动给我的教训……035

"防守时刻"要学会忍耐……037

把幸运最大化,不幸才可能最小化……038

一次大捷能抵过无数次失败……039

人总是对失败敏感,对成功钝感……041

紧急避险之棕熊战术……042

伺机而动……043

静观其变，好运自会到来……045

"及时止损"的重要性……047

想象失败，而非想象成功……049

止损的下一步是再出发……050

"认真"做错事的人……050

03

第三章

"运"的三大条件——
进攻、挑战、乐观

打击率乘以打数的交叉比率……057

不愿意冒险就是最大的风险……058

力排众议，收购"长崎屋"……060

"速攻坚守"，而非"坚守速攻"……062

果敢的人才会红运当头……064

"先行"而后"三思"……066

来自"终身创业者"的建议……068

"冒险经营"，而非"风险经营"……068

乐天派更容易成功……070

专栏 只身一人的"革命"……074

04

第四章
是什么拉低了你的运势

不争则运衰……083

在谈战略和战术之前，先开启战斗模式……084

保守的职业经理人搞垮了企业……086

无能者的幸运和人上人的悲剧……087

远离"运"的克星……089

远离推卸责任的人……090

装腔作势的"瘟神"……092

人心是摸不透的……092

"时间的考验"是必不可少的……093

成为距离感的"达人"……095

意识不到嫉妒心的可怕，会走霉运……097

"羡慕"是嫉妒的魔咒……098

不搞迷信那一套……098

否极泰来……099

独断专行会削弱运势……101

专栏 挥霍信任和积累信任……104

05 | 第五章
"换位思考"是核心关键词

什么是换位思考……109

试着改变自己的立场……110

想留住人心就要舍弃私欲……111

无私和诚信能给人带来好运……112

为什么"顾客至上"会成为我们的企业宗旨……114

"压缩陈列"和"POP洪水"……115

发现夜晚的商机……116

难找，难拿，难买……117

"唐吉诃德"为什么能所向披靡……118

喜欢推卸责任是一种人格缺陷……119

麻将的奥义在于换位思考……120

"超认知"加"换位思考"……121

"运"的传感器……123

能包容模糊性的谦卑之心……124

专栏　假设就是假设……127

06 第六章
集体运势的飞轮

在通货紧缩的大环境下逆势前进⋯⋯135

有一种力量能把人吸进热情的旋涡⋯⋯137

短期的集体运势和长期的集体运势⋯⋯139

我为什么要下放权力⋯⋯141

不要告诉员工该怎么做，让他们自己去做⋯⋯142

好运始于权力下放⋯⋯143

"主投手"退居二线，门店内百花齐放⋯⋯145

扩张性的陷阱⋯⋯146

"主权在现"和"and"原则⋯⋯149

舍不得孩子套不住狼⋯⋯150

"权力下放"和"个店经营"也适用于综合商超⋯⋯152

权力下放的范围要窄，程度要深⋯⋯153

不是"我的成功"，而是"我们的成功"⋯⋯154

专栏 《源流》是提升集体运势的《孙子兵法》⋯⋯159

第七章

如何创造有内驱力的"超级幸运体"

士兵跬步胜过将军千里……167

怎样创造集体运势的奇迹……168

人格魅力是最强的能力……169

真正的能力是动员团队的能力……170

衷心感谢我的员工们……172

零售业是"大众戏剧"……172

高声奏响胜利的凯歌……173

我的独家秘籍——工作游戏化……174

奇迹的连锁反应源于集体亢奋……176

"唐吉诃德"的特色——"D铁"……177

大家携手共创美好的未来……179

多样性是"超级幸运体"的前提……180

世界第一的销售能力是怎样"炼"成的……182

迪士尼的员工和"唐吉诃德"的员工的

　　共同点……184

用"感谢和期望"代替"指示和命令"……185

发生灾害时的自主行动……186

鼓舞人心的"倾听大会"……187

独断专行导致集体的衰落和灭亡⋯⋯188

用恐惧强迫属下服从是最恶劣的行为⋯⋯190

"大吉经营者"和"大凶经营者"的

　决定性因素⋯⋯192

专栏 《源流》是关于技能重塑的终极之书⋯⋯196

08

第八章

压倒性胜利的美学

什么是压倒性胜利⋯⋯203

压倒性胜利不是贪婪,而是一种美学⋯⋯204

我曾被私欲冲昏了头脑⋯⋯205

人不能只考虑自己⋯⋯207

我希望员工们获得幸福⋯⋯208

做生意需要一种快感⋯⋯209

从私欲中解放⋯⋯211

专栏 "唐吉诃德"是"蓝海"开拓者⋯⋯214

尾声 人间赞歌才是我的生活⋯⋯219

附录 《源流》(部分节选)⋯⋯225

第一章

踏上『运』的新大陆

摆脱思维停滞的状态

"运"到底是什么呢？这是一个朴素又深奥的问题。我来说说自己的见解吧。

我所理解的"运"，就是人生的结果。也就是说，我们可以把"运气好"简单理解为，一个人披荆斩棘、不懈努力，最终使自己的人生朝着更好的方向发展。

"运"具有极端的不确定性，就像浩瀚无垠的宇宙一样，我们无法看清它的全貌，也无法理解它的本质，但我们不能因此就停止对"运"的思考。纵观人类的历史，我们不正是通过提问和实证，通过不断思考，才一步步接近真理的吗？举个例子，虽然今时今日人类对宇宙的了解仍然微乎其微，可我们从古时候就已经开始观测天体的运行了。从古至今，我们从未间断对物理学、天文学的研究，从未停止探索宇宙的脚步。再比如，虽然现在仍然有很多关于生命的未解之谜，但现代医学已经取得了长足的进步，人类这才迎来了"人生百年"的时代。

人类有勇气探索无垠的宇宙，可一说到"运"，却总觉得难以企及，自动放弃对它的思考，索性告诉自己"命由天定"，任由那些怪力乱神的说法四处扩散。

如果我们不能摆脱思维停滞的状态，就无法在"运"这个领域有所突破。回首过往，"运"就像一股强大的力量，操控着我的人生，但我一直试图将它掌控在自己的手中。我始终让自己直面"运"，也收集了很多有说服力的证据，**过往的人生经验使我坚信，"运"是能靠人为力量改变的。**

至于具体的方法，我会在下面的几个章节里讲到。现在我先来说说我不同人生阶段的经历。

从儿时开始的孤独感和疏离感

1949 年，我出生在岐阜县大垣市的一个普通家庭。我的父亲在一家职业高中当技术老师，我的母亲是一名家庭主妇。我的父亲为人耿直，没有任何不良嗜好，非常符合大家对老师的一贯印象。我是家里的长子，所以父亲对我的要求很严格。小时候，他经常跟我说："除了 NHK[1]，不许看其他电视节目。"

我的童年索然无味。父亲为生活琐事烦心的样子总是会激起我的逆反心理，我觉得他活得一点儿意思都没有。后来我才明白，当时战后[2]的日本正处在一个艰难的时代，父亲为了养活我们几个孩子已经拼尽了全力。现在我终于体会到了父亲当年的心情，想对他说一句迟来的感谢。可小时候的我满脑子只有一个想法：我才不会活得像爸爸一样。身为老师的父亲，却被我当作了人生的反面教材。

我从小就在集体中显得格格不入。我是个顽皮的冒失鬼，天生反骨，还总有一种莫名的自信。和同龄的孩子比，我体格更壮，掰手腕的时候总能赢。而且我这个人争强好胜，小学和初中的时

---

① NHK：日本第一家覆盖全国的广播电台及电视台。
② 第二次世界大战之后。

候一直是班里的"孩子王"。学习对我来说是不可能完成的任务，光是老老实实地坐在书桌前听课，就已经是对我的"折磨"了。

我从小就发现自己有一种特长：我总能想到别人想不到的点子，还能把它们付诸实践。不仅如此，我还能说服身边的人和我一起干。这就是很多人都想拥有的能力——把别人拉进热情的旋涡，这种能力会让人获益良多。

只不过当时我还是个孩子，心智还不够成熟，所以只是通过蛮力收服了一群"小弟"，成了孩子中的"老大"。但要说真正的朋友，我好像一个也没有。我对当时流行的电视节目和漫画都不感兴趣，也不怎么喜欢和其他孩子一起玩，因此我常常感觉自己是个多余的人，从 10 岁开始，一种强烈的孤独感和疏离感就一直困扰着我。我察觉到了自己的不寻常，但为了不被孤立，我只能在大家面前表现出正常的一面。在这样的日子里，我的脑海里慢慢出现了一个声音："我的人生要么功成名就，要么一败涂地。"

年少的我已经预知了自己波澜起伏的人生。

年轻时的挫折

我幼稚地认为小城市的生活无聊透顶，一心只想离开这个落后的地方。于是我决定考大学，去大城市看看。高三那年的秋天，我一反常态，开始疯狂地努力学习。最终，我成功考上了庆应大学的法学院。

刚上大学，嫉妒、自卑和后悔就给我的内心蒙上了一层阴霾。我身边的同学们个个都气质不凡，尤其是那些从附属高中考上来的"庆应公子"，他们每天都潇洒地带着朋友开车兜风。而我呢，穿着毛衣和牛仔裤，踩着一双拖鞋，整个人土里土气的，别说跟女孩子搭话了，我甚至都不敢多看她们一眼。我打心眼里羡慕那些同学，他们的人生简直太爽了。

当时，我在心里暗暗发誓：我以后绝对不会给这些人打工。为了不低人一等，就只能自己创业，这就是我创业的初衷。

我跟同学们都合不来，所以开学两周以后，我就不去学校了，每天在麻将桌上醉生梦死。大一结束的时候，我被学校要求留级了，父亲知道了以后就停了我的生活费。现在的大学生想兼职的话有很多选择，但当时不一样，我只能去干体力活。于是，我在横滨的寿町贫民窟里住了下来，靠当码头工人维持生计。

看清奸商的面目

大学毕业以后，我入职了一家小型房地产公司，本想学点儿经商之道，但万万没想到，这不是什么正经公司。单价 500 日元一坪的地皮，他们竟然要价 1 万日元，简直就是诈骗！有一次，一个顾客带着自己所有的积蓄 200 万日元来签合同，老板却跟我说："让他再向亲戚借 100 万，否则别卖给他！"我不忍心欺骗单纯的人，所以打算辞职。可还没等我开口，公司就倒闭了。

刚上班 10 个月，公司就"关门大吉"。听上去我好像挺倒霉的，但从长远看来，这对我来说反倒是一件好事，因为这段经历教会了我，人生中有些事情坚决不能做。这家公司就是自损运势的典型案例。现实中有很多贪得无厌的老板，昧着良心做生意。这些贪心老板和黑心企业的运势一定会越来越差，因为他们做的事情对社会而言毫无益处。我对自己发誓，一辈子也不能干这种事。

一步踏错，就会万劫不复

公司倒闭以后，我也不打算再找工作了。本来我就是想自己创业，才决定去一家小公司积累经验。如果现在我妥协了，转头去给别人打工，那我的人生岂不是彻底失败了？我绝对不会认输。可就是这个天真的想法，让我破天荒地开始了无业游民的生活。

我成了一个职业赌徒，每天混迹于麻将场上。我已经走投无路，只剩这一门"技术"傍身。所幸我从大学开始就一直在打麻将，毕业的时候我已经算是个"麻将高手"了。那时候没有免费的麻将馆，我每次都站在别人旁边观战，等缺人的时候，他们就会让我上桌。对我来说，每一局都是生死之战，因为我没有退路。但关键时刻我总是能赢，于是打麻将就成了我那时谋生的手段。日复一日，我每天都在和"运"做斗争。

坦白说，"泥棒市场"的开店资金就是我靠打麻将一点儿一点儿攒下来的。但大多数人都是把做生意赚的钱拿去赌博，我算是个特例——用赢的钱做生意，才创立了年销售额2万亿日元的企业。

现在大家都说我是亿万富翁，但毫不夸张地说，我曾经和排队等着领政府救济的人没什么两样。在没有工作的日子里，我每天都如履薄冰，总觉得一步踏错就可能万劫不复。

给荒唐的日子画上句号

这种无所事事的生活整整持续了6年。那时我每天通宵打麻将，早上回家蒙头大睡，到了晚上接着去麻将馆。早上回家的路上，上班族们总是一窝蜂地涌出站台，只有我一个人逆着人流前进。每当这时，那种强烈的孤独感便会再次袭来，我感觉自己好像被世界抛弃了。我也是上过大学的人，可现在的我到底在干什么呢？虚度几年时光后，我才幡然醒悟。

我一定要在生意场上混出个名堂来！我不能

一辈子当个赌徒。

当我下定决心时，命运似乎也助了我一臂之力——我被麻将圈排挤了——一个20多岁的毛头小子，麻将居然打得这么好！随着我赢的次数越来越多，愿意和我玩的人越来越少，最后我连个对手都找不到了。"失业"的我不得不"金盆洗手"。

但我到底能干点儿什么呢？我没有技术，没有人脉，也没有钱。想来想去，我只能去卖东西了。那时正赶上折扣店在日本各地逐渐兴起，那些店主都只会冷漠地盯着顾客，连招呼也不打一声。这么简单的事，我也能做到。于是，我把目光投向了零售业。

"运"是绝对概念，值得坚信

1978年，我在东京西荻洼开了一家名叫"泥棒市场"的折扣店，这就是"唐吉诃德"的前身（如图1-1所示）。那年我29岁，已经完全告别了不务正业的生活，开始认真对待人生。我想把过去6年里学到的东西都用在店铺经营上。那6年可以说是我的起点，毕竟麻将馆里什么牛鬼蛇神都有，各种各样的人都能遇见。和他们相处就是和"运"搏斗，我为此赌上了一切。在实践中，我总结出了人生的必胜法则，拿到了生活授予我的"MBA（工商管理硕士）学位"。

和学校里的MBA不同，我学习的都是"真枪实弹"的经验，这些经验在企业经营方面给我提供了很多帮助。每当我遇到困难时，就会回头看看自己走过的路。我做出假设，再用自己的行动去验证它。在反复的假设和验证中，我才走到了今天。一切假设的前提都是我相信"运"是真实存在的。"运"是一个绝对的概念，

图 1-1 "唐吉诃德"的前身——泥棒市场

值得坚信。

生意兴隆的秘诀是"反其道而行之"

"泥棒市场"刚开业的那段时间我非常辛苦。我是个毫无经验的门外汉，一开始的想法也很简单：什么便宜就卖什么。

我把全部身家都押在了这家店上，绞尽脑汁想要提高业绩。我接连想出了很多销售策略，比如"压缩陈列""POP洪水①""凌晨营业"等。这些策略现在已经成了"唐吉诃德"的销售特色，后面我会和大家详细介绍。我知道零售行业的套路，却反其道而行之。独一无二的销售模式让"泥棒市场"的生意蒸蒸日上。

之后，我开始尝试批发行业，5年以后，我就把"泥棒市场"转给别人了。接着，我又开了一家叫"LEADER"的新店，专门搞批发，为零售店供货。短短几年时间，"LEADER"就成

---

① POP洪水：在店铺内使用手绘的POP广告（卖点广告），这些广告遍布店铺的各个角落，如同洪水一般。

了关东地区规模最大的供应商，年销售额的最高纪录突破了 50 亿日元，但我没有止步于此。"LEADER"只支持现金支付，商品的采购和销售都会受到限制，所以很难进一步扩大规模。这十来年，我通过"泥棒市场"摸索出了一套自己的经营方式，又通过"LEADER"积累了充足的资金和货源。所以，我决定再次进军零售业。就这样，1989 年我开了第一家"唐吉诃德"。

为了生存绞尽脑汁

真正的考验才刚刚开始。1999 年的某天凌晨，我们和当地居民发生了冲突，引起了群众的大规模抗议；2004 年，好几家门店相继遭到了恶性纵火；同年 12 月 3 日，浦和花月店遭遇袭击，3 名营业员不幸身亡。

接二连三的巨大打击让我觉得"唐吉诃德"要撑不下去了。残酷的现实经常让我感到绝望，这样下去我只能等死了，我的人生难道就这样了吗？我苦苦挣扎，即使内心饱受煎熬，也只能继续想办法。我根本冷静不下来。我绞尽脑汁，只为了找出一条活路。

那时 PPIH 内部报刊的标题就是"绞尽脑汁"。我想冲出逆境，克服眼前的困难，哪怕想出个权宜之计也好。为了生存下去，我没有一刻停止思考。

要想解决问题，首先要知道问题究竟出在哪里。大家都见过汽水瓶吧？瓶口那段细长的位置叫作"瓶颈"，瓶颈的位置最容易发生堵塞。

我的大脑里好像也有很多"思维瓶颈"，所以我思考问题的时候总会陷入一种僵化状态。如果能突破这些瓶颈，那眼前的问题就都迎刃而解了。但各种办法都行不通，我感觉自己的脑细胞已经快被榨干了。

突然有一天，我的思路一下子被打通了。我的脑海里蹦出了一个想法，也许这个方法能成功破局。我半信半疑地试了试，结果竟然真的有用，公司的发展甚至更上了一个台阶。我和 PPIH 的成功背后，正是无数次的"绞尽脑汁"。

一家独大的"奇迹"是如何上演的

现在，PPIH 已经成为实力超群的国际综合企业。日本大约有 3900 家上市公司，但成立以来连续 34 年增收增益的公司，只有 PPIH 一家（如图 1-2 所示）。

战后 30 年被称为日本"失去的 30 年"。这段时间里，日本经济陷入长期停滞的状态。但 PPIH 不仅屹立不倒，还实现逆势增长，成为最

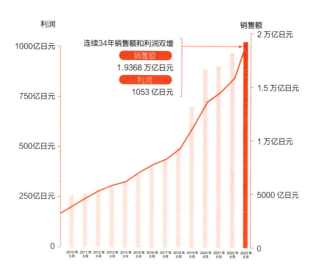

图 1-2　PPIH 销售额、利润增长图

后的赢家。这应该算得上奇迹了。受到自然灾害和突发状况的影响时，就算是资产雄厚的大企业，也很难连续 30 年一直保持业绩上涨。

那 PPIH 是怎样创造奇迹的呢？"反连锁"的逆向经营、彻底放权、"个店主义"，以及不可复制的管理模式和销售模式……我能给大家列举很多成功因素，但仅凭这些是远远不够的，PPIH 独创的销售策略只是"奇迹"的必要条件而已。

那奇迹的充分条件是什么呢？没错，就是"运"。

30 多年来，PPIH 走过了动荡和剧变，历尽艰难险阻，甚至不止一次面临倒闭的危机。我可以自信地说，PPIH 之所以能连续 34 年保持收益增加，是因为我知道怎样巧妙利用"运"的力量。

"370 年"人生经验教会我的东西

我现在已经 75 岁了。像我之前说过的那样，我的"人生密度"要比一般人更大。

作为 PPIH 的创始人，我被大家定义为人生的成功者。但我也有过身无分文的时候，也经历过各种挫折。所以我的人生经验，应该是我实际年龄的 5 倍之多，这样算来，我有"370 年"的阅历。

凭借"370 年"的经验，我重新思考"运"这个不可思议的命题时，又看清了很多真相。**"运"的好坏取决于个人的意志和努力，在某种程度上"运"是可控的。**我认为，每个人拥有的"运"都一样多。只不过，人的很多行为都会给自己的"运"带来影响。**也就是说，运气好的人能充分利用自己的"运"，而那些倒霉的人则正好相反，或者说，他们根本不懂得如何利用自己的"运"。**

本书讨论的"运"是有变数的，是能通过人的行动改变的。每个人都拥有"转运"的能力，从这个角度来说，"运"是很公平的。能否成为人生和生意场上的赢家，全在于一个人是否掌握了"转运"的方法。

成功者的定义有很多：坐拥财富、获得社会地位是一种成功，得到内心的安宁与满足也是一种成功。但本书中提到的成功，主要指前者

（财富和社会地位方面的成功），或者两者兼具的情况。

总有一些情况是我们无法掌控的

刚才我说，"运"是可以改变的。对此，肯定有很多人持反对意见。

有人会说："在战争和灾难面前，人的努力根本不值一提。这种情况多得是。"很多情况下，个人的努力确实改变不了什么。所以我很能理解这种说法，我对那些正在苦难中挣扎的人也充满了同情。但本书不会提到这些特殊情况，因为我无法劝说这些不幸的人继续心怀希望，憧憬明天。我只能告诉大家，在正常情况下，"运"是可控的。重要的是，我们要尽最大的努力，充分利用自己拥有的一切。如果尚有余力，我们再去思考自己能为那些不幸的人做点儿什么。

遭遇天灾人祸，或者连中几次彩票，这都属于极小概率的事件。本书中的思考和建议不适用于这些特殊情况。

出生、衰老、病痛、死亡，是人生的必经之路。

我不会过于纠结这些事情，因为无谓的挣扎可能让运势变得更差。换句话说，**面对自己无能为力的事情，学会放下就是好运的开始**。明白这一点对提升个人运势有很大作用。

"运势"和"运气"的区别

有人会说："运不是天注定的吗？""玩石头剪刀布，想一直连胜是不可能的吧？"回答这些问题之前，我想先和大家明确一点：运势是长期的，而运气是短期的，这两者有很大差别。我们无法控制具体某件事的结果，因为我们不可能控制短期的运气。但大家先别失望。人生和做生意都是长期的过程，而长期的运势完全是可控的。至少我们能通过自己的意志和努力，改变个人运势。

"运"是高级的复杂"科学"

据我所知，目前还没有文献详细总结、论述过改变运势的方法。"运"本身包含了很多不确定因素，所以它的定义也难以统一。但从概率论的视角来看，我们能预测事情大概会朝着某个方向发展。人类的大脑里确实存在这样的认知模式。

我会在本书中对这些认知模式进行梳理，通过实例证明我的观点。但本书无法对"运"做出科学的证明，因为进行科学论证需要百分之百的事实，而人生只有一次，我们无法进行验证。科学有百分之百的可再现性，所有的原理和原则都是确定的，但我们所说的"运"和科学并不在同一维度。

所以，我才说"运"是高级的复杂"科学"。我们无法精准地对"运"做出判断，就像我们无法精准地预测地震何时到来。但至少，我们基本能准确预测未来几天的天气。虽然天气预报有时可能不准，但我们肯定不能说它不科学。

从概率论的角度来说，我们能大概预测到事物的发展趋势。也许有人会批判我的观点，但我还是想让更多人了解我的想法。在我离开这个世界之前，我想把自己这"370年"的人生经验分享给大家。此刻，我的心中百感交集，我感恩自己所经历的一切。

敏锐地感知"运"

这个世界上，有的人对"运"的感知力强，有的人对"运"的感知力弱。如果一个人对"运"的感知不够敏锐，不管他的智商多高、能力多强，在工作和人生中都可能吃大亏。相反，那些感知力强的人不管经历多少挫折，最终都能收获成功。

举个简单的例子，就拿我们公司的员工来说吧，很多分公司的经理都只有三四十岁。学生时代比他们成绩好的肯定大有人在，但为什么他们能年纪轻轻就身居要职呢？因为他们对"运"的感知力更强。

我想说的是，**一个人对"运"的感知力与他的智商和勤奋程度无关。**之后我会讲到，对"运"的感知，说到底就是人与人之间的问题。

为成功播种的 6 年

这几年，我们总能在书店里看到以"抓住运气"或者"支配运气"为主题的书。虽然我没怎么读过这些书，但根据我的经验，"运"是抓不住的，更无法被我们自由支配。我们只能学会接受，顺势而为。有时我们越想靠近好运，好运反而离我们越远。从这个角度来说，"运"和爱是一样的。

我说得再详细一点：能否辨别有利的时机和不利的危机，就是考验一个人对"运"的感知力。大家可以观察一下生意做得风生水起的人，他们无一例外，都能敏锐地感知到潜在的机遇和风险。可以说，在对"运"的感知这一方面，他们都是真正的"达人"。

无论我们选择什么样的生活，幸运和不幸都会轮番登场。想做一件事之前，要先看看自己是"顺势而为"，还是"逆流而上"，这对最后的结果有很大的影响。坦白说，个人的意志和力量是无法与"运"抗衡的。

所以诸事不顺的时候，与其做无谓的挣扎，不如静待时机。当机会来临时，争取一击即中，扶摇直上。这就是人生的必胜法则。

在碌碌无为的那6年里，我悟出了这些道理。那6年是我人生的低谷，但也提升了我对"运"的感知力，让我离幸运越来越近，给我未来的成功埋下了种子。

靠打麻将维持生计的日子里，我每天都在和"运"斗争。我没有退路，每天都如履薄冰。

我打麻将的技术日渐精湛，很多人输得多了就不愿意和我玩了，所以我只能去找那些身经百战的高手。

在和高手惊心动魄的对决中，我慢慢学会了把握"运"的走势，领悟了取胜的秘诀。无论形势如何，我都能随机应变，就像身体能自主感知风向一样。当好运来临时，我们要随时做好准备；反之，就按兵不动，静待时机。

正因为我不断提升自己对"运"的感知力，才不至于沦落到露宿街头的地步，甚至有了现在的成就。

相信的力量

要想把握自己的运势，就得伸出"天线"，或者动用感知的"雷达"，时刻准备接收"运"发来的信号。如果一个人一直随波逐流，那"天线"的灵敏度就会降低，导致他根本感知不到对自己有利的机遇。只有下定决心做出一番事业的人，才能洞察机遇和风险。

不管是"天线"还是"雷达"，都需要"电力"来驱动，那就是"运"的"实在感"。这种"实在感"可以是本就存在于我们脑海中的，也可以是后天培养的。"运"并不是虚无缥缈的，它是真实存在的。我们必须相信，"运"和我们的未来密不可分，这就是"相信的力量"。

"实在感"是一切的源泉。我希望大家在阅读这本书的过程中，能够体会并培养出自己关于"运"的"实在感"。

挑战是转运的前提

好运总是会眷顾对未来抱有希望的"乐天派"，而对于那些悲观主义者来说，则正好相反。乐观的人通常比悲观的人更容易赢得成功，甚至可以说乐观是通往成功的捷径。

成功者不会因为害怕风险就止步不前，他们为了实现自己的目标，总是乐于挑战。成功者就是挑战者。没有风险就没有回报。要想获得好运，就得先让自己成为挑战者。

我的人生就是一个接一个的挑战：从"泥棒市场"开始接触零售行业，很快转行去搞批发，然后又重新回归零售业……"泥棒市场"刚开业的时候，我没有专业知识和专业技能，没有钱，也没有社会资源，但我总是愿意挑战这些看似不可能的事情。很多人都觉得我很可笑，认为我异想天开。在他们眼里，我就是个不知天高地厚、只会白日做梦的年轻人。

但我对自己总有一种莫名的自信，觉得自己一定能行，虽然我也不知道这种自信是从哪来的。就算我屡屡碰壁，苦苦挣扎，但前进的路上总亮着一盏盏希望的灯，这些微弱的光芒汇聚成了我心里的一团火。在我的不懈努力下，我的运势也逐渐提升。

"运"的科学——大数定律

在本章的最后，我想从科学的角度谈谈"运"。

大家听说过"大数定律"吗？这是统计学和概率论中重要的基本定律之一，经常被应用于商业领域。

大数定律其实并不难理解，它主要说的是样本的数量越多，随机事件出现的频率就越接近它的概率。

比如说扔骰子的时候，掷出一点只是偶然；但扔的次数越多，掷出一点的概率就越接近 1/6。再举个例子，抛硬币的次数越多，硬币正面朝上或者反面朝上的概率就越接近 1/2。也就是说，试验次数越多，结果就越接近某个确定的数值，即其概率。相反，试验次数越少，结果的偶然性就越强。我们不能确定骰子的点数到底是几，抛出来的硬币也可能连着好几次都是正面朝上。这在统计学上叫作数值的波动，它导致我们无法对结果做出准确的预判。聪明的读者可能已经想到了，之前我说过的"短期的运气"，指的就是这种状态。

无论是"运"的规律，还是控制长期运势的方法，其实都遵循大数定律。在科学层面，我也可以自信地对"运"做出解释。个人行为对运势的影响也是一样，样本数量越多，结果就越清晰。我们在人生中不断挑战，其实就是丰富样本数量的过程。

做"运"的庄家

　　大家可能对赌博多少有一些了解，赌场上有一个词叫作"扣除率"，能够体现庄家的优势程度，扣除率越高，庄家赢、玩家输的概率就越高。

　　不同游戏的扣除率也不一样。中彩票这种情况全凭运气，我们暂且不提。除此之外，日本国营赌博业的扣除率是 25%，远高于世界上其他国家。所以我们不难猜到，日本的玩家们到底被国家抽取了多少钱。但除去场地费，麻将的扣除率是零。也就是说，麻将是一场纯粹的赌博，全靠"运"和实力。我明知如此，却还是铤而走险，过了 6 年靠打麻将糊口的生活。

　　总之，排除偶尔几次手气好的情况，从长期来看，只要有扣除率（不管扣除率多低），玩家就不可能赢过庄家。因为根据大数定律，玩家赌的次数越多，结果就会越接近扣除率。

　　所以我想说，**在"运"这场游戏中，我们不能做玩家，而要做庄家。**我脑海里有很多参数，我把它们叫作"运"的算法，这些参数通过计算会产生微妙的结果，"运"正是依据这些规律发生变化的，但具体原理我很难用语言跟大家描述，只能在后面几章慢慢和大家解释了。

第一章要点

- 通过个人的意志和努力，我们能控制长期的运势。

- 提升对"运"的感知力，洞察潜在的风险和机遇。

- 乐观主义者更容易受到好运的眷顾。

第二章

幸运最大化和不幸最小化

运气好的人能充分利用自己的"运"

　　很多成功的经营者和企业家在接受报纸、杂志或者电视的采访，被问到成功的理由时，他们都会说"哪里哪里，我只是运气好而已"。如果有人问我这个问题，我大概率也会这么回答。但这绝对不是我的真心话，大家心里肯定也都知道不是这么回事。运气好是事实，但好运也是靠自己吸引来的，想怎么利用全看自己。不过我当然不能直接这么说，否则别人会觉得我狂妄自大，甚至对我产生不必要的误解和嫉妒。所以，上面那种敷衍的回答才是最稳妥的。

　　我认为每个人拥有的"运"都一样多，现实看上去却并不是这样。为什么有的人总是事事顺遂，而有的人却总是时运不济呢？这全在于一个人如何利用上天赐给他的"运"。

　　我在序言中已经说过，运气好的人能充分利

用自己的"运"，而那些倒霉的人则正好相反，或者说，他们根本不懂得如何利用自己的"运"。**虽然每个人拥有的"运"的总量都差不多，但人生的结果如何全在于如何利用自己的"运"。**

"运"的守恒定律

福祸相依，人生是幸运和不幸的交织。人生有时好运连连，有时诸事不顺，就像抛硬币一样，可能一连好几次都是同一面朝上。我们不知道下个转角等待自己的是意外还是惊喜。但想想我之前说过的大数定律，人生最终的结果总是一半一半。

有很多创业的人都像我一样，勇于挑战各种事物。挑战者们确实更容易得到幸运之神的眷顾，但同时他们也更容易受到挫折和打击。同样，出色的攀登者们总是愿意挑战不可能，但他们遭遇危险的概率也更高。**幸运和不幸具有很强的不稳定性，成功的果实甚至可能让人付出生命的代价。人生之海时而波涛汹涌，时而风平浪静，从容应对才能战胜命运的风暴。**

那我们究竟该怎么做呢？最好的办法就是做到"幸运最大化和不幸最小化"——把"幸运"的力量发挥到最大，把"不幸"的影响降到最小，这就是"运"的守恒秘诀。

人在逆境之中总是拼命挣扎，想弥补自己的损失，但这样反而会让自己在泥潭里越陷越深，所以倒不如好好想想，怎样才能把损失降到最低。人在不走运的时候更要控制住自己，千万不能病急乱投医。

熬过低谷时期，幸运和机会自然会到来。经历的打击越大，收获的幸运就越大。**等到柳暗花明之时，就会顺风扬帆，火力全开。到那时，不要犹豫，把好运的能量发挥到最大吧。**

居民抗议活动给我的教训

在经营公司的过程中，我意识到了"幸运最大化和不幸最小化"的重要性，我们公司的发展也完美地诠释了"福祸相依"这个词。我们曾无数次跌入低谷，在克制与隐忍后又重新迎来希望的曙光。

从 1995 年开始，"唐吉诃德"的门店迅速增加，展露出覆盖日本的野心，公司的业绩也以惊人的速度上涨，1996 年的年销售额已经达到百亿日元的规模。同年 12 月，公司正式上市。1997 年，第八家门店在新宿开业。商业杂志特意开了专栏，名为"'唐吉诃德'势如破竹"。就这样，"'唐吉诃德'风暴"席卷业界。泡沫经济让很多竞争对手纷纷倒闭，却没能阻挡我们公司一往无前的脚步。

但是，就在公司发展的鼎盛时期，一件意想不到的事情发生了。1999 年 6 月，又一家分店在五日市街道小金井公园开业，附近居民却提出了抗议，要求我们在晚上 11 点打烊，原因是要"杜绝夜间噪声"。借着这个理由，当地居民和一些自称当地居民的人，举行了大规模的抗议活动。

我们公司的一切经营活动都是合法的。根据当时的"大店法"[①]，凌晨营业并没有任何问题。因为有法律撑腰，所以我的态度一直很强硬，不

[①] 大店法：指日本的《关于调整大型零售商店零售业务活动的法律》，该法一般简称为"大店法"。

管谁说什么都没用。

但这种态度显然是行不通的。其他分店很快也遭到了抗议活动的波及，甚至有民众开始反对新店开业。我强势的态度也引发了民众的强烈不满。一些媒体终于逮到了机会，迫不及待地开始煽动舆论，批判"唐吉诃德"。

"凌晨扰民的黑心企业与捍卫权益的当地居民"成了电视新闻的完美素材，甚至还有一些歪曲事实的报道，把这次抗议说成是"当地居民奋起反抗无良企业"。然而我越解释，反对"唐吉诃德"的人就越多，这个无解的难题让我束手无策。公司自成立以来，第一次陷入经营危机。

"防守时刻"要学会忍耐

2000 年——抗议活动爆发的次年，我突然改变了想法：现在是"防守时刻"，面对那些媒体的抹黑，我要做的只有一个字——忍。在忍耐的过程中，我明白了自己还不够成熟，也看到了"唐吉诃德"应该改进的地方。反省过后，我接受了居民们的意见和要求，改变了经营方式，明白了开店的诀窍就是让店铺融入周围的环境。我加强了门店周边的卫生工作,加大了保安的巡查力度,并为当地居民提供热情的服务。

这一系列措施不仅让"不幸最小化",还给"唐吉诃德"带来了新的幸运。同年 6 月,原来的"大店法"被废除,政府新出台了"立地法"①。"立地法"以环保为宗旨,对我们公司来说可谓一把"尚方宝剑"。这部法规的实施给居民的抗议活动画上了句号,各地的新店也终于能正常开业了。

公司在上升期遭受当头一棒,但经过持续的忍耐,我们又迎来了未曾想到的幸运。这次教训印证了我所说的"幸运最大化和不幸最小化"。

把幸运最大化,不幸才可能最小化

抗议活动教会我的另一个道理就是只有把幸运最大化,不幸才可能最小化。也就是说,"幸运最大化"是改变运势的第一步。

---

① 立地法:指《大规模零售店铺立地法》,该法一般简称为"立地法"。

我再说得简单一点儿：在人生中的高光时刻，我们要充分利用自己的"运"，尽可能收割成功的果实，用它们构筑起一道坚固的安全网，让我们不至于在不幸时坠入深渊。这样一来，无论遇到怎样的困境，我们都能处变不惊，让"不幸最小化"了。

"唐吉诃德"人气高涨的时候，我不停地开设分店。趁着公司发展势头正盛，我火力全开，把眼前的幸运最大化。正因为有了这些积累，后期我们才能在环境问题上投入大量成本，使不幸最小化。

人生很长，但机遇和好运往往只有那么几次，一旦错过就不可能重来。当机会摆在眼前的时候，不要犹豫，大步向前走吧，让幸运最大化给我们带来下一次幸运。

一次大捷能抵过无数次失败

我比一般人更争强好胜，但我失败的次数也比一般人更多。我能够取得今天的成就，并不是因为从没经历过重创，而是因为经历过好几次大捷。

我们公司开发过将近 100 种业态，其中"唐吉诃德"一直是主力军。算上那些收购的产业，大概只有 15 种业态坚持到了今天。单从这个数字来看，我们公司似乎很难在竞争中取胜，但 PPIH 业绩双增的纪录至今还在更新，公司取得的成就更是有目共睹。这是因为我明白大捷的重要性。

在棒球或者足球比赛中，规定时间内哪怕自己队的总分只比对方高出一分，也算胜利。不管是一分之差、五分之差，还是十分之差，都是一样的胜利。不管每场比赛的比分如何，每个赛季只通过累积优胜次数来计算排名。相比分数，胜率更重要。

不过人生和做生意可不是这样。体育比赛每个回合都是新的开始，人生却要持续好几十年，这场比赛没有中场休息，输赢看的是累计得分。

所以我们完全没有必要在意自己究竟失败了多少次。哪怕接连出现几次小失误，一战大捷也能逆风翻盘。**只要获得一次压倒性胜利，过去的那些失败就都不算什么。**

"唐吉诃德"的成功是不走寻常路的成功。这种商业模式少之又少，甚至可以说是万中无一，却成了PPIH的核心业态和业绩支柱。这就是我说的，一次大捷能抵过无数次失败。

人总是对失败敏感，对成功钝感

大获全胜是很难的。人总是对失败很敏感，对成功却有种莫名的钝感。行为经济学把这个现象叫作"损失规避效应"，即当面对同样的利益和损失时，损失总是更加令人难以接受，所以人们才倾向于规避损失。

假如一个人做生意亏了50万，那他消沉一段时间后，一定会拼命把损失的钱赚回来。换种情况，如果一个人本来能赚100万，可实际只赚了50万，又会怎么样呢？很少会有人因为自己少赚了50万而后悔，相反，大多数人都会庆幸自己赚到了50万。

但我们不能一直停留在这个阶段。面对机会不能有适可而止的心态，不能觉得"八分饱"就够了，这种想法会严重拉低一个人的运势。有的人在没有把自己应得的利益全部收入囊中时，会捶胸顿足，追悔莫及。**只有雄心万丈的人才会被幸运之神眷顾。**

当我们有机会赚到100万时，就不能只满足于眼前的这100万：现在正是走运的时候，既然能赚到100万，我就能赚到200万、300万。只有想方设法更进一步的人，只有那些对成功足够敏感、追求足够高的人，才能获得更大的成功。

相反，有些人面对唾手可得的机会却仍然无动于衷，这种人简直不可救药。我想强调的是，**比起那些不懂得应对危机的人，不懂得抓住机会的人会给自己招来更多噩运。**

紧急避险之棕熊战术

截至目前，我一直在讲怎样利用好运，但人生中难免遇到诸事不顺的时候，好像命运就是要和自己作对一样。这种时候又该怎么办呢？

我会像冬眠的熊一样待在洞里，等待生活重新恢复风平浪静。我把这种紧急避险的方法叫作"棕熊战术"。想提升个人运势，我们就要牢牢记住这个方法。

像我之前说的那样，**运势好的时候不要犹豫，大胆把握机会；运势差的时候，或者看不清形势的时候，我们只需要忍耐就好。** 这种情况下最好的做法就是什么都不做。进退有度，就是我成功的最大秘诀。

"病急乱投医"是最不可取的。当年，遭受居民抗议的时候，正是因为我一直采取强势的态度，才让其他分店也惨遭怒火波及。运势差的时候，不管做什么都是白费力，说不定还会让自己的处境更加艰难。我们千万不能陷入这样的恶性循环。

我们在困境中一心盼望好运的到来，终于等到时来运转，却又不知道从何下手，只能像无头苍蝇一样到处乱撞，没承想不幸却再次降临，我们又要为了摆脱困境而焦头烂额。

伺机而动

之前我们已经通过"幸运最大化"储备了很多能量，所以在"洞穴"中蛰伏的这段时间里，我们不用为"食物"的问题发愁，也不用冒着危险出去"狩猎"。

当然，完全空等无法解决问题。每天悠哉悠哉是不行的，闷在"洞里"睡大觉就更是大错特错。这时要打起十二分的精神，关注"洞外"的情况。我们必须擦亮双眼，时刻保持警觉，想想等"春天"到来时自己该做点儿什么。**我们要全面考虑到各种情况，看准翻盘的时机。**

蛰伏期是我的大脑皮层最活跃的时期，大脑每时每刻都在高速运转，接收好运信号的"天线"也变得更加灵敏，这样我才能确保自己不会错过任何一个机会。一旦看准时机，我就会瞬间进入战斗状态。

每次我走出"洞穴"，结果都是胜利。因为那些战术我已经在大脑里演练过无数次了。无论是乐观还是悲观的局面，我都已经预想过很多遍了，所以才能自如地应对各种情况，无一失手。

让不幸和幸运形成良性循环，无论在人生中还是生意场上，都能收获非凡的成功。

静观其变，好运自会到来

有一个概念和"棕熊战术"很像，那就是"静观其变"。在炒股时，大家总说："不会静观其变的人是赚不了大钱的。""**静观其变，好运自然会来的。**""观"就是不参与眼前发生的事情，只是仔细观察事态的走向。

那"静观其变"和"棕熊战术"有什么区别呢？"棕熊战术"主要针对个人或者企业，而"静观其变"则适用于社会或者经济市场发生变动的时候。后者显然是个人或企业无法掌控的。

当社会或者经济市场发生剧变时，我们要泰然处之。越是这种时候越不能轻举妄动，只能冷静地观察和分析形势。在观望的过程中，好运和机遇会自己送上门来，就像足球场上的乌龙球一样。

"唐吉诃德"一号店开业后，相继经历了1991年的经济危机，2000年的互联网泡沫危机，还有2008年的"雷曼危机"。尽管经济市场剧烈波动，但 PPIH 的业绩依旧稳步增长，最主要的原因就在于我选择了静观其变。

泡沫经济时代，很多人投资理财、倒卖土地，但我并没有像他们一样"主动出击"。"唐吉诃德"刚开业的时候，我身边无数人靠房地产赚得盆满钵满，一个晚上赚一两亿日元也不是什么新鲜事。而我每卖出一个产品，只能赚 50 日元。我的钱是一点一点攒下来的，对比之下，我产生了强烈的落差感。好几次我差点儿没经受住诱惑，转行去做房地产，但直觉告诉我，现在出手肯定亏得分文不剩。在麻将桌上培养出的洞察力，给我敲响了警钟。

果然，泡沫总会破灭，我的公司躲过一劫。

不仅如此，我还迎来了意想不到的好运。泡沫经济破裂之后，很多黄金地段的店铺都开始低价出售，我乘机把它们全都收入了囊中。不仅如此，我还大量合并、收购了一批企业，就连曾经炙手可热的优秀人才，也纷纷入职了我的公司。这些因素都为 PPIH 的发展提供了原动力。

不只是"棕熊战术"，能否学会"静观其变"，也是决定成败的重要因素之一。

"及时止损"的重要性

股票市场上有这么一个策略——及时止损。在不利的局面中为了挽回损失而贸然行动，反而会亏得更多，甚至可能倾家荡产。我们要明白：留得青山在，不怕没柴烧。

根据损失规避效应，人会对损失产生本能的厌恶。举个例子，如果投资的股票跌了怎么办？大多数股民眼看着股票"一路绿灯"，却迟迟不抛，坐等股价回升。在股市上，这种情况叫"套牢"。

被套牢的股票在短期之内很难恢复到原来的价格。在这期间，很多新潜力股接连上市，但原本能用来投资的钱已经被套死了，所以只能眼睁睁地错过赚钱的机会。这就是股市"小白"的典型做法。

那到底该如何通过炒股赚钱，或者说至少不因为炒股而赔钱呢？如果已经产生了一定损失，不要犹豫，赶紧把手里的股票抛出去，这叫作"割肉"或者"止损"。及时止损能为我们保留大部分资金。用剩下的资金投资其他的潜力股，说不定还有望回本。是否具备及时止损的思维，是股市行家和"小白"最大的差别。

当然，做生意也是一样。2006 年，为了和其他便利店拉开差距，我们公司开发出了一种新的商业模式——美食自助体验空间，想要亲自体验熟食制作的顾客，可以直接在店内进行烹饪。店内厨房的形式完美适配便利店，在经济层面也具备一定可行性，因此"美食自助体验空间"一经推出就备受欢迎。

当时"唐吉诃德"正准备收购综合连锁商超"长崎屋"。这是一个拓展业务的绝佳机会，"唐吉诃德"能借此了解大型商超的经营方式和生鲜食品的销售经验。但是考虑到费用和风格统一的问题，我决定中止"美食自助体验空间"，收购"长崎屋"。我对"长崎屋"投入了大量资金和人力，结果没有让我失望。

食品销售一直是"唐吉诃德"的薄弱点，尤其是生鲜产品的销售，而"长崎屋"正好补足了这块短板。2008 年 6 月，"MEGA'唐吉诃德'"一号店开业。在接下来的几年中，"MEGA'唐吉诃德'"逐渐成了业绩仅次于"唐吉诃德"的主力军。我们把"唐吉诃德"的特色融入"长崎屋"四街道店，一家全新的综合折扣店就此诞生。
"MEGA‘唐吉诃德’"一号店也成了"长崎屋"
其他分店的改造模板。

想象失败，而非想象成功

　　让我们回到刚才的话题。富有冒险精神的人
会经历更多挑战，同时他们犯的错误和经历的失
败也会更多，但这并不是什么大问题，重要的是，
失败的时候如何应对。要想及时止损，就要先明
确失败的定义。事情发展到什么程度算是失败
呢？再详细一点儿说，就是要定一个及时止损的
节点，如"亏到多少亿日元，就该赶紧放弃了""在
此之前都可以放手一搏，这之后如果还没有结果
就该收手了"等。如果自己心里已经有了清晰的
底线，那就不用再提心吊胆了，在真正失败之前，
我们还能重整旗鼓，迎接下一次挑战。

　　大家常说："想象成功是很重要的。"但成功
只是一个结果，想象成功的画面完全没有意义，
而失败才是及时止损的重要节点，**想象失败才是
人生的制胜法则。**

止损的下一步是再出发

不管是及时止损，还是明确失败的定义，最终目的都只有一个——再出发。

在开发新业态的时候，十次百次尝试中只要有一次成功就够了。我们公司在开发新业务的过程中，也经历过无数次失败。重要的是审时度势，不要给自己造成太大的损失，及时止损，才能重新出发。**屡败屡战能给人带来好运，也是让成功之花绽放的唯一方法。**如果说"止损"价值千金，那"挑战"的价值就可抵万金了。

"认真"做错事的人

本章一开始的时候我说过，像我这样的创业者跟攀登者有着相同的命运。做一笔大生意就像在冬天征服一座高山。世界上有很多险峻的高山，十次里有一两次能登顶就很不错了。

但是，有时即使终点看上去近在咫尺，我们也不得不折返，放弃的勇气是很重要的，不会准确判断形势的攀登者迟早会吃苦头。明知有危险，还是顶着暴风雪去爬山，这种行为和送死没什么差别。如果连命都没了，那还说什么挑战呢？天气不好的时候就老老实实地待在帐篷里，等待风暴过去后再继续征服高山。很多人都没有这种耐力，学不会"蛰伏"。

最近经常听大家说，要有"狼性"。这个词和"斗志"的意思差不多，但"斗志"听起来好像有点儿过时，而且给人一种空泛的感觉，所以很多人觉得还是"狼性"听起来更顺耳。

如果贸然给两者画上等号的话，那结果可能就不尽如人意了。

比如说有的人实力很强，工作态度也很认真，但生意怎么都做不好。要我说的话，可能是因为他们没有洞察力，不会及时止损。这种人只会埋头苦干，完全察觉不到身边微妙的变化，自然没有感知风险的能力。他们非常拼命，但只是在作茧自缚而已。

很多年轻的创业者都有这个问题。**辛勤付出让他们尝到了成功的甜头，所以不懂得停下前进的脚步稍作休整。**越是认真的人，就越容易"认真"地犯错。

顶风冒雪还要往前冲，这种努力只会适得其反。当自己处于**劣势**的时候，应该谦逊、客观地观察事态走向，哪怕事与愿违，也要坦然接受现实。真正有斗志的人都是懂得忍耐的人。

第二章要点

- 每个人拥有的"运"都一样多,人生的结果如何全在于一个人如何利用自己的"运"。

- 当幸运到来的时候,努力让"幸运最大化"。

- 运气不好的时候要学会忍耐,不要轻举妄动。

- 及时止损才能重整旗鼓。

第三章

「运」的三大条件——进攻、挑战、乐观

打击率乘以打数的交叉比率

我认为追求"运"就是追求合理性。乍一看这两个概念似乎完全不搭边，但二者其实是密不可分的。

在生意场上，我只会做在当下看来最合理、最有把握的事情。理想结果出现的概率并不是简单的胜率，而是打击率与打数相乘后得到的最大值。我把它称为"打击率乘以打数的交叉比率"。

"交叉比率"是经济学的专业术语，也许一些读者没听说过。简单来说，它是一个计算公式，能反映出商品的库存获利效率。将库存周转率和毛利率相乘，最终得到的比率越高，商品的价值就越高。也就是说，想要赚钱，就投资交叉比率更高的商品。

我把这个公式套用到棒球比赛里，就得到了"打击率乘以打数的交叉比率"。

在人生中和在生意场上，我们的一切行动都是为了提高最终的"交叉比率"。只有把精力投入合理的事情，才能提高个人运势。这是正面进攻的法则。

当团队不断壮大时，个人运势就会转化成集体运势。**如果所有人都拧成一股绳，朝一个方向使劲，公司的运势自然会上升，不管面对什么竞争对手都将所向披靡。**具体情况我会在第六章和第七章详细说明。

想吸引好运，充分发挥"运"的合理性，是有前提条件的。那就是本章标题里所说的"进攻、挑战、乐观"，我把这三点称为"运"的三大条件。接下来，我就按顺序给大家解释一下。

不愿意冒险就是最大的风险

没有风险就没有回报，这是大家都认可的道理。一直待在舒适圈里，就很难收获成功的果实。如果不期待回报，也不去冒险，就能一直安稳地生活下去吗？过去也许可以，但现在绝对不行了。

现代社会充满了不确定因素，不管你愿不愿

意冒险，该来的迟早会来。比如，过去大家都把银行的工作当成"铁饭碗"，谁知泡沫经济破裂以后各大银行相继破产，银行界不得不进行彻底的分化和重组。

不只是银行，很多代表性的大企业也难逃一劫。这种例子简直不胜枚举。

很多人去大企业上班，只是为了有一份稳定的工作，好让自己的生活有个保障。但世事难料，谁也不知道下一秒会发生什么。不称心的工作和生活方式会让人饱受煎熬，与其如此，倒不如一开始就坚定地选择自己想做的事，去过更充实、更快乐的人生。

我们可以选择那些只看个人实力、氛围轻松的公司，或者给自己一个缓冲期，准备创业。**走自己选择的路，坦然地面对一切风险，在挫折中不断成长，只有这样的人才会得到幸运之神的眷顾。**

相反，那些故步自封的人是很难走大运的。在这个时代，**不愿意冒险就是最大的风险**。这句话是我的座右铭。我从年轻时开始就从未停止冒险的脚步，每当面临重要抉择时，我也总是倾向于规避风险，选择更稳妥的那条路，但这句话总会让我打消安于现状的念头。

经过风雨的洗礼，成功的果实才更加丰硕。

力排众议，收购"长崎屋"

说到拥抱风险，就不得不提对"长崎屋"的收购。

2007年10月，我决定收购"长崎屋"，但公司内部出现了很多反对的声音。

2000年，公司更生法①生效后，只要找到新的投资人，"长崎屋"就有可能实现转型。当时大型综合超市已经逐渐衰落，所以"长崎屋"的业绩一直得不到改善，累计亏损超过了100亿日元。2007年，我们公司的年利润约为135亿日元，只能勉强填上"长崎屋"这个大窟窿。不仅专业人士不看好收购"长崎屋"这个项目，就连公司员工基本也都持反对态度。他们认为这已经超过

---

① 在日本，到期债务会给继续营业带来显著障碍，或有破产风险的公司，按公司更生法在法院监督下，可以谋求再建。

了公司能承受的范围，风险实在太大。

我却认为，如果收购"长崎屋"，就等于把50多个地理位置绝佳的门店收入囊中，而且在营业所得的利润足够覆盖现有的亏损之前，公司的一切收益都不用交税。我相信"长崎屋"会成为我们公司宝贵的销售资源。

经过改造，"长崎屋"转型为"MEGA'唐吉诃德'"，成了仅次于"唐吉诃德"的业绩主力军。我愿意承担收购的风险，所以才收获了现在的成果。

"长崎屋"只是诸多例子中的一个。我们公司一直在收购各种企业，在各个领域都积累了很多经验。不管出现什么突发情况，我们都能做到游刃有余。这也是大胆收购带来的好处之一。

很多人面对风险时畏首畏尾，事后又后悔"到嘴的鸭子飞了"。**我们要戒掉安逸，因为看似合理的选择未必是最好的选择，看似好走的路也未必是最好的路。**

但往往越是聪明、越是优秀的人，往往就越没有勇气面对风险。

有一次，我和一个朋友一起吃饭。我试探性

地说:"像你这么有能力、有头脑的人,只要敢尝试,就算不在大公司工作,肯定也能做得很好。"他却一脸诧异地问:"我为什么要冒这个险呢?我从上学的时候开始就一步一个脚印地往前走,考上名校,进入大公司工作,我的人生从来没有过什么风险。我为什么要瞎折腾呢?"

他的心思已经写在了脸上。

这些我都明白,但我还是不死心,继续追问道:"冒险又怎样?又不会要了你的命。既然你有这个实力,自己创业有什么不好?难道你就甘心一直待在现在的位置上?"他的表情显得不耐烦了,所以我也只好闭嘴。

"速攻坚守",而非"坚守速攻"

为了迎接风险,我们要时刻保持进攻的姿态。

我在生意场上一直强势出击,所以大家都觉得我是"万年攻击型"的经营者。但其实在我的战术中,防守占的比重比攻击更大。虽然具体要根据运势、市场还有经济环境来调整,但总体来说,我的战术是"七分守,三分攻",这是我个人认为的黄金比例。

虽然防守占了七成，但我最看重的还是进攻。因为进攻是很消耗能量的，必须全神贯注，争取一击即中，"七分守"也正是为了确保那"三分攻"能成功。

一个不知道该如何进攻的人，运势一定好不到哪儿去。有这样一种说法叫"坚守速攻"，指的是在"坚守"的同时，找准"速攻"的时机。我却正好相反，我是"速攻坚守"的类型，也就是先"速攻"，再根据情况"坚守"。

我曾经和格斗冠军聊过这个话题。大家都觉得反击拳更注重防守，即先诱导对方出拳，然后在闪避的时候回击。但其实不是这样的，反击拳的前提是自己先发起攻击，不断加快进攻节奏，趁着对手应接不暇的时候，抓住时机，一击制胜。

如果害怕挨打，只是一味地防守，是绝对赢不了的。只有把攻击作为前提，防守才有意义。我把自己的想法告诉这位格斗冠军之后，他激动地说："英雄所见略同。"

果敢的人才会红运当头

好运不会从天而降，只有果敢的人才会红运当头。有些人害怕失败、害怕受伤，所以拒绝挑战，宁愿过着一成不变的生活。这种人是永远不会成功的。

我们公司的企业理念集《源流》里有这样一句话："如果我们放弃了挑战，不再去战斗，那PPIH将失去存在的价值和理由。"

"挑战者"是我们公司员工流淌在血液里的身份认同。

我在第二章里说过，2000年以后，"唐吉诃德"开始拓展新业态："美食自助体验空间"试运营，收购"长崎屋"……我们一直在挑战中摸索前进。

"长崎屋"改造大获成功后，我们依然没有停止挑战。"唐吉诃德"从2006年开始进军海外，2017年进一步打开亚洲市场。同年，"DON DON DONKI"一号店在新加坡开业（如图3-1所示）。

与日本国内的"唐吉诃德"不同，"DON

图3-1 新加坡"DON DON DONKI"的店内情况

DON DONKI"的定位是"日本品牌专营店",店内只出售日本本土的产品。在"DON DON DONKI"销售的商品中,食品占比高达九成,货架上摆满了日本生产的蔬菜水果和章鱼烧等小吃。

在反复试错中,这种经营模式终于获得了成功。截至2024年4月,"唐吉诃德"遍布亚洲的6个国家和地区,亚洲门店总数达到45家。可以说,亚洲市场为我们公司的业绩做出了重要贡献。

"先行"而后"三思"

需要注意的是，挑战并不等于鲁莽。像无头苍蝇一样到处乱撞，是吸引不来好运的。

《源流》中经营理念的第 5 条写着："该果断出手的时候就不要犹豫，该及时收手的时候就直面现实。"

"果断出手"和"及时收手"是一套组合拳。2006 年，我们公司进入中食①市场，并推出新业态"美食自助体验空间"。但无奈其经营一直没有走上正轨，于是两年后我果断决定终止这项业务。也正因如此，收购长崎屋才让我大赚一笔。在不断"出手"和"收手"的过程中，好运接踵而至。

最不可取的就是因为害怕失败而停滞不前，这一点我已经强调过很多次了。

大家肯定都听说过"三思而后行"这句话，指的是深思熟虑以后再付出实际行动。但很多人

---

① 中食是日本的一个细分的饮食概念，指的是买了以后可以带走吃，也可以在办公室吃的食物。与在家做着吃的"内食"、在外面餐馆吃的"外食"相对。

往往只停留在"三思"这一步，就没有了下文。换句话说，就是"干打雷，不下雨"。

所以我更愿意把二者换个顺序，"先行"而后"三思"。不妨先大胆行动，再深入思考对策。"先行"其实就是把"挑战"换了个说法。**如果不迈出第一步，那什么事情都没法开始，我们永远也学不到新的东西。**

攀登者在征服一座高山之前，肯定要提前考虑各种可能发生的情况。我们在行动前确实有必要做最坏的打算，但如果因此被吓破了胆，直接选择放弃，那么一切就都成了纸上谈兵。与其自己吓唬自己，不如亲自站在半山腰上看一看，一边验证自己的猜想，一边做下一步打算。只有摸索着前进，才能为自己开辟出一条路。

就算最后挑战失败了，在这个过程中学到的东西也绝对不会白费。细细品味过程中的辛酸和失败后的懊悔，才能以更好的状态去探索新的方向。

把失败的教训当作精神食粮，下次面对挑战时就会更加游刃有余，思维的高度也会更上一层楼。这样的良性循环会带来超乎想象的好运。

来自"终身创业者"的建议

如果让我给自己打上一个标签，我更愿意把自己定义为创业者，而非经营者。而创业是一项终身的事业，所以我应该算一名"终身创业者"。

之前我们已经说过，挑战让人生和工作变得更快乐、更有意义。作为"终身创业者"，这点我可以打包票。如果一个人总是抱着"差不多就行"的心态，那么结果将正好相反。这样的生活看起来很轻松，但个中辛酸只有本人才知道了。

挑战让人成长。通过挑战积累的人生经验，我们的实力能发生飞跃性的提升，用不了几年，就会和其他人拉开差距。我曾经见过无数个这样的例子，所以我才永远不会放弃挑战。生命不息，挑战不止，这是"终身创业者"最大的特质，也是我引以为傲的精神财富。

"冒险经营"，而非"风险经营"

我发自内心地喜欢挑战。在艰苦奋斗中验证自己的假设，是我最喜欢的事情。但比起"风险经营"，我更喜欢"冒险经营"这种说法。虽然这两个词的意思差不多，但前者的商业色彩太重了，后者更倾向纯粹的"冒险"。

我年轻的时候很喜欢探险类的文学作品，比如法国小说家儒勒·凡尔纳的《八十天环游地球》《十五少年漂流记》《地心游记》《从地球到月球》等。戴维·利文斯敦穿越非洲大陆的事迹也总让我热血沸腾。年少的我站在世界地图前，幻想着自己能去环游世界，当时我的梦想就是成为一名探险队队长。

我觉得经营和探险在本质上是一样的。经营企业的时候，我们可以把自己想象成探险家，要去征服珠穆朗玛峰或者阿尔卑斯山。开发新业态就是踏足一片无人之地，需要自己绘制一幅崭新的地图。把经营当成一场游戏，就算遇到突发情况或者坏天气，也能乐在其中。这样想的话，企业经营一下就变得有趣了。

不只在工作中，就连休闲娱乐的时候，我也把冒险精神贯彻到底。我唯一的爱好就是一边潜水，一边抓热带鱼（一切活动都经过了各国管辖部门批准，是合法合规的）。这也算是个小众的爱好了吧。虽然有很多人喜欢潜水，但一边潜水，一边抓热带鱼的，世界上应该找不出第二个人了（如图 3-2 所示）。

总之，惊心动魄的"冒险经营"是我的人生信条，也是《源流》的核心精神。

图 3-2　作者在帕劳潜水，享受捕鱼的乐趣

乐天派更容易成功

让我们回到"运"的三大条件。在第一章中我们已经说过，乐天派更容易得到幸运之神的眷

顾，除了"进攻"和"挑战"，"乐观"也是"运"的三大条件之一。

关于这一点，很多读者肯定会提出疑问。"进攻"和"挑战"感觉还可以接受，那"乐观"又该怎么理解呢？乐观主义者真的更容易成功吗？现实中有没有什么例子呢？

当然有，不只有，而且还很多，我甚至不知道该从哪儿开始讲。就拿股市为例吧。从短期来看，股市难免存在波动，但这几十年中，世界的股票总市值其实一直在上涨。如果投资者能保持乐观的心态，用长远的目光看问题，那他的资产也会大幅增加。全球著名投资人沃伦·巴菲特就是一个典例。

再比如，英国牛津大学的名誉学者马特·里德利也是一个有名的乐观主义者，而且他的乐观都是有理有据的。他在书中这样写道："好几十年前就有人说'人口爆炸会导致粮食短缺，资源枯竭''这样下去，生活水平还怎么提高''贫富差距再扩大，社会就要完蛋了'……这种悲观的论调甚嚣尘上。然而现实如何呢？历史证明，这些悲剧都没有发生，乐观才是唯一的正解，但很少有人能抱有乐观的心态。

"1800 年以后，世界人口数增长为原来的 6 倍，人类的平均寿命延长至之前的两倍，实际收入达到了原来的 9 倍。回首这半个世纪，只有 6 个国家的个人收入减少，只有 3 个国家的人均寿命缩短，其他所有国家的出生率都有所提高。而且从整体来看，全球犯罪率大幅下降，这和大家担心的情况正好相反。

"人们的生活水平也得到了极大改善。在中等收入国家，哪怕是普通老百姓的生活水平也远远高于从前的王公贵族和有钱人。人们过着富饶、便利，甚至还有些奢侈的生活。"

怎么样？这段话条理清晰，说服力满满。马特·里德利通过直观的数据一一反驳了人们预设的悲观情况，并向我们证明了当代是人类历史上最光辉的时代。**所以说，乐观就是通往成功的捷径。**

第三章要点

- 不愿意冒险就是最大的风险。

- 先"速攻"，再根据情况"坚守"。

- "先行"而后"三思"，失败了就当是为下次挑战积累经验。

- 乐观就是通往成功的捷径。

专栏 **只身一人的"革命"**

本章中，我一直在强调自己的挑战精神。那我的挑战精神到底是如何形成的呢？为了弄清楚这点，我决定回溯一下自己挑战精神的"源流"。

我的经历听起来好像很了不起，但其实我年轻的时候一事无成，每天都在生活的泥沼里挣扎。那时的我还没有觉醒，在大家看来，我是个永无出头之日的人。

其实我很不愿意谈论自己过去的"黑历史"，尤其在这本书里。但正是人生的黑暗时期塑造了我的挑战精神和斗争精神，这是不争的事实。所以，我只能克服自己的羞耻心，跟大家坦白我的过去。

"体制派"化身为"反体制派"的代表

我出生于 1949 年，我这代人属于"团块世代"，在日本人口中占比最大。

我上大学时恰逢学生运动的高潮，不过

这已经是半个世纪之前的事了，所以年轻的读者们可能没听说过。

现在想来，当时发生的事情确实很不可思议。很多学生参加大规模示威活动，像发了疯一样高呼反体制革命，期待理想社会的实现。

但我对这种事情完全没有兴趣，国家要变成什么样，又不是我一个人能决定的，因此我对这种失去理智的行为实在不敢苟同。当时，我算是个完全的现实主义者，属于学生中的少数"体制派"。

社会和国家的变革我无法干预，但我可以发动一场"自身的革命"。我决定这样做的原因，倒不是想成为另一种"反体制派"，而是认为等我成了企业经营者，才能在力所能及的范围内给社会带来一些改变。就这样，我开始了只身一人的革命。

然而一到就业的时候，那些支持反体制革命的学生们就迅速改变了口风。他们毫不犹豫地剪掉了当时流行的长发，把头发梳成三七分,穿上白衬衫,然后参加那些"体制派化身"的大企业的面试。

他们心甘情愿被冠以"猛烈社员"的名号,完全违背了学生时代的信条。他们成了自己曾经最鄙视的人。

这些人见风使舵的姿态,简直是史无前例。他们的态度转变之快令我目瞪口呆,说得好听一点儿是懂得变通,但在我看来,一个人连自己的原则都能说改就改,简直是毫无底线。

无所适从的孤独感

在当无业游民的日子里,我再次产生了孤独感,好像只有自己还留在原地。我梦想自己能把这场革命继续下去,却只能孤芳自赏,或者说,现实比这残酷得多。虽然我对一切装作满不在乎的样子,但只有我自己知道,再这样下去我将一事无成,只能一个人默默腐烂。无所适从的孤独感一直折磨着我。

我不想再次回忆起这种感觉，因为我的人生中没有比这更糟糕的感受了。和这种令人窒息的孤独感比起来，甚至之后经历的磨难都不算什么了。

我偶尔能再遇见那些"转型成功"的同学们，他们对我说："安田，你到底在干什么呢？你应该睁开眼睛，好好看看这个世界。赶紧找个正经的工作，好好上班吧！"

也许他们是出于好意才这样劝我的。但我做梦也没有想到，曾经高呼"革命"的激进分子居然会说出这种话，简直让人瞠目结舌。

那之后我开始重新审视自己的人生，即使生活仍然一筹莫展，但我告诉自己"这些不算什么"。就是那时，我感觉自己有了挑战的觉悟和勇气。

如果能见到五十年前的自己，我会温柔地摸摸他的头，然后给他一个大大的拥抱。我会告诉他："你做得很好，你挺过来了。"

那 6 年的孤独感成了我人生的支柱，为

我建立了一道心理防线。最重要的是，它成了我的活力源泉。

一无是处的人独有的力量

现在想想自己的生活和创业历程，其实一切还算顺利。我曾经无数次失败，也曾无数次面临生死危机。好几次紧要关头，我使出浑身解数也无济于事，最后却用意想不到的方法解了燃眉之急。

我的人生就是从一条钢索跳到另一条钢索上，一脚踩空就是万劫不复。但我挺过了一次又一次危机，还把危机转变成了机遇。这简直是"奇迹的二次方"。我是如何练就这门绝技的呢？

首先声明，我并不是在吹牛。我是个异想天开的人，所以经常能想到别人想不到的东西，而且我有很强的执行力，想到了什么好点子就立刻去做。但归根结底，还是因为我这个人没什么长处。这不是谦虚，也不是妄自菲薄，而是我的心里话。如果我的本事很多，干什么都能养活自己，那我就不用一直这么拼命了。

我无数次险中求胜，拼命挣扎，是因为我一无所有，所以我才不得不赌上一切，去拼，去搏。

现在我已经可以安心退休了，但我还是没有放弃挑战。这场只身一人的"革命"还在继续。

第四章

是什么拉低了你的运势

不争则运衰

在第三章里我们讲过，"进攻""挑战"和"乐观"能为我们带来好运。那本章我们就来谈谈，到底是什么拉低了我们的运势。我就从自己的经历出发，和大家说说我的看法。

其实把之前的结论反过来说，就是"不争则运衰"。

PPIH 属于零售行业，从结构上来看，日本的消费市场属于零和博弈，今后有可能进一步发展为负和博弈。企业想分到市场这块蛋糕，就必须把战斗力拉满，用斗牛士的姿态战斗。

不只是零售业，在不久的将来，各行各业都需要贯彻这种精神。

在零售行业的战场上，"唐吉诃德"的各个分店（截至 2024 年 4 月末，日本共有 620 家门店）之间夜以继日地进行着激烈的"肉搏战"，哪怕比其他分店多争取到一个顾客，也算胜利。

如果将领表现怯懦，那他手底下的兵肯定也没有士气。士兵们把自己的身家性命全押在了战斗上，所以他们一眼就能察觉将领的胆怯。相反，强将手下无弱兵，如果将领勇猛果敢，那他率领的部队自然所向披靡。

况且零售业的竞争并不会真的让人付出生命的代价，失败者也总有东山再起的机会，所以没什么好担心的，只管拼搏就行。

为了抓住顾客的心，各店只能在竞争中不断进行自我提升，所以这场"顾客争夺战"也能给社会做出贡献。总之，**拉低个人运势最重要的原因就是逃避竞争**。

在谈战略和战术之前，先开启战斗模式

在谈战略和战术之前，先开启战斗模式。这句话我已经说了无数遍了，现在我仍然在强调战斗的重要性。

我很讨厌那种纸上谈兵的人，他们列出一堆计划，但就是迟迟不肯行动。我最担心的就

是这种人在公司里作威作福。那样一来，不光他们的个人运势，公司的集体运势也会严重下降的。

很多公司就是因为没有全力投入战斗，才开始走下坡路。这样的前车之鉴简直数不胜数。

就拿家电行业和半导体行业来说吧。日本的家电曾因为价格便宜、品质优良而风靡全球。20世纪80年代后期，日本的半导体行业更是全球市场份额占有率的第一位，然而现在二者却早已不复当年的辉煌。这几十年来，新兴制造商不断涌现，在新生代力量的压制下，市场形势出现了逆转，其他国家后来居上，这一点是大家有目共睹的。

日本的家电行业和半导体行业的衰落有很多原因，主要还是由于这两个行业的企业在"世界一流"的位置上坐得太安逸，完全不思进取。面对后起之秀的昂扬斗志，日本企业惨遭失败也在意料之中。所以我要再重申一次，想保持自己的运势，就得保持战斗状态。

保守的职业经理人搞垮了企业

相较于其他国家的员工，日企员工的能力并不逊色，工作态度也没有问题，企业走下坡路的原因主要在于顶层管理者的经营方式和经营理念有问题。就像我们刚才说的，领导没有魄力，团队就没有战斗力。

那日本企业的经营问题到底出在哪里呢？说得直白一点，企业的最终结局如何，要看领导者喜欢消极防御还是主动出击。很多日企的领导者都属于前一种类型，即保守的职业经理人。这些职业经理人通常认为能顺利地完成公司的业务，不出什么大的差错就好。他们在自己的任期内不会冒任何风险，不求有功，但求无过。这就是我们所说的保守经营。

而其他国家的新兴企业情况就不一样了。很多企业的创始人依然健在，企业的经营权还掌握在他们手中。这些经营者迈出的每一步都在为将来做铺垫。他们的目光更长远，不会满足于维持现状，更倾向于果断出击。

职业经理人只是被雇用者，不会用自己的职

业生涯去冒险，而创始人却可以为了企业赌上自己的身家性命。二者的经营理念和经营策略存在本质上的区别。

不仅如此，和一般的投资基金相比，创始人募集的基金信用评级更高。这个事实也能说明所有权和经营权结合的重要性。

我并不一味反对职业经理人的存在，我反对的是保守的经营方式。但话说回来，公司的经营不可能永远靠创始人，只要下一任经营者能继承创始人的主人翁意识，能放眼未来，大胆出击，就算他只是个普通员工也无妨。其实日本也有一些敢于主动出击的经营者，只是现在还为数不多而已。

无能者的幸运和人上人的悲剧

我 29 岁的时候开了那家 18 坪的小杂货店——"泥棒市场"。当时我连一技之长都没有，赤手空拳开始打拼。我拿出了全部积蓄，背水一战，一个外行就这样自己摸索着进入了零售业。

当时的我一心想着要赚大钱，要干出一番事

业，却什么资本都没有。现在想来，这又何尝不是一种幸运呢？**正因为一无所有，所以我才没有任何顾虑，才能大胆践行"运"的三大条件——进攻、挑战和乐观。**也正因如此，我才能享受成功的硕果。

当时我全力以赴，把"泥棒市场"打造成了一家独具个性、吸引人眼球的零售店。这正是我起势的第一步。

哪怕我在创立"泥棒市场"之前再幸运一点点，可能都不会逼自己迈出这一步了。这就是我下面要说的——"前 1% 的悲剧"。

有的人因为家境富裕，成绩优秀或者天赋异禀，很早就跻身"卓越人士"的行列。但这些人总是被荣誉束缚，反而没法抓住幸运，甚至破坏了自己运势。我把这种现象叫作"前 1% 的悲剧"。

头顶光环的人总是想守护自己的荣誉，所以他们往往会下意识地回避挑战，久而久之，他们也让自己离好运越来越远。第三章中我提到过一个朋友，他一遇到挑战就往后缩，这就是典型的"前 1% 的悲剧"。

优秀的人反而不容易一鸣惊人。很多人在学

生时代，成绩一直遥遥领先，可走入社会以后反而泯然众人。他们拼命维护自己的优越感，把面子看得比什么都重要。越是这种人，越难获得好运。保守经营的企业也是一样的道理。

远离"运"的克星

想防止运势衰落，就要特别留意人际关系，运势也受身边人影响。

看透一个人并不容易，但那些明显拉低了我们运势的人还是很好分辨的。

有些人光是站在你身边，就能把你的好运全都"吸"走，这种人就是"运"的克星，相信大家都有过这种感受。下面我就给大家举几个例子。

在我 20 多岁的时候，很多人劝过我："你一个名牌大学毕业生，该找个正经工作呀！"但我不以为意，仍然每天在麻将桌上虚度光阴。当时的我净干些荒唐的事，还想着自己总有一天会一鸣惊人，做出点儿成绩给他们看看。

我一边自以为是，一边又十分纠结，日子过得醉生梦死。大家都觉得我这样的人"很危险"，

"还是离远点儿好"。所以我身边的正经人越来越少，最后只剩下一群地痞流氓。这群人净搞些歪门邪道，有人参与诈骗，还有人借了钱之后转头就出卖担保人……总之，都是些危害社会的人渣。我当然不会跟这些人同流合污，只是平时和他们闲聊几句而已。但仅仅如此，我的运势也受到了严重的影响，吃了几次苦头以后，我终于明白，跟有些人是坚决不能扯上关系的。

远离推卸责任的人

除了上面这种情况，有些人乍一看很正常，但长期和他们在一起也会导致运势低落，这种人就是推卸责任的人。

遇到不顺心的事，他们不但不想办法解决，反而怨天尤人，"这是什么世道""都怪公司""都是他们的错"……这类人只会通过指责他人让自己获得一点儿心理安慰。这种人的内心非常空虚，极度渴望获得别人的关注，所以他们会主动靠近我们。

他们一般都有着温和的笑脸，戴着绅士的面

具，让我们不好意思拒其于千里之外。这种人还是少接触为妙，他们总是"无差别攻击"，说不定什么时候就会把矛头对准我们，给我们带来很多不必要的麻烦。

这些人最大的问题就是不会换位思考，而这正是提升运势的必要能力，我会在第五章讲到这一点。简单来说，换位思考就是站在对方的角度考虑问题。有人可能会觉得"这种事谁不知道啊"，但其实真正能做到的人很少，毕竟谁都有转不过弯的时候。

换位思考这件事，说起来容易做起来难。正常人尚且如此，更不用说那些爱推卸责任的人了。他们已经习惯了以自我为中心，根本无法客观地认识自己，至于推己及人，那更是不可能的事情了。

如果一个集体中推卸责任的人很多，甚至占据了主导地位，那这个集体的运势一定会一落千丈。在这种情况下，不管个人能力多优秀，都无法带动集体发展。这是我的亲身感受。

装腔作势的"瘟神"

有一种人总是喜欢装腔作势，让自己显得很厉害。这种人是最不可信的。

他们喜欢用奢侈品装饰自己，好让自己看起来像有钱人一样。他们也总是爱吹牛，说自己认识明星或者行业翘楚，总之，就是爱虚张声势。

这种人简直和"瘟神"没什么两样。他们习惯了把别人当作垫脚石，和他们交往时如果不多留个心眼，肯定要吃大亏。所以最好还是不要接近这种人，如果不得不和他们相处，也要尽量保持一点儿距离。

人心是摸不透的

综上所述，很多人都能拉低我们的运势。他们通常会装出一副温和的样子，笑呵呵地跟我们拉近距离，然后某一天突然原形毕露。想远离这种人，就要学会看透人的本质，但这是很难做到的。

我在生活中和生意场上经历了各种人际关

系，接触过形形色色的人。在和人打交道这个方面，我也算是经验丰富了。三四十岁的时候，我以为只要自己见过的人足够多，就能在一次次的相遇和离别中摸透人心，我以为总有一天，自己能一眼就看透一个人。

上了年纪之后我才明白这种想法有多狂妄——**多增加一些阅历，多经历几次背叛，看人确实会变得更准，但绝对达不到"看透"的程度。**有时我还是会高估一个人，有时自己的期待也还是会落空，这些意外情况是不会随着阅历增加而减少的。人心是摸不透的，这就是我最后得到的结论。

然而人际交往是不可避免的，所以刚认识的时候，我们就得试着判断对方的为人。但人心难测，我们必须接受这个残酷的现实。刚开始看不透，以后也未必完全看透。我们能做的只有想开一点儿了。

"时间的考验"是必不可少的

还有一种识人的方法，那就是"时间的考验"。尽管要花费一些时间，但这是了解一个人最好的方式，没有比这更准确的判断方法了。时间的考验短则三四个月，长则一年。当然，具体还要看是什么关系，接触频率有多高。有时第一印象告诉我们，这个人很不错，很有魅力，但越是这样，我们就越容易给对方加上一层"滤镜"，轻易交付自己的信任。大家一定要记住，这是人与人交往中的大忌。

这种检验方法在职场的人际关系中或者企业录用新人时也同样有效。新员工一般都有实习期，这段时间就是企业和新员工对彼此的"考验期"。我认为这是个绝佳的做法。

如果考验结果和第一印象相符，那就再好不过了。但事实上，二者之间往往存在很大落差。在这种情况下，我们必须保持理智，相信时间告诉我们的真相。

稍微说点儿题外话。有时我们经常跳过时间的考验，尤其在男女关系当中。有句话叫"一见钟情"，恋爱本来就是感性的，第一印象起到了决定性作用，所以时间的考验自然显得无足轻重，两个人的结局如何全看缘分。但很遗憾，现实中的结果经常不尽人意。

别忘了，人心是摸不透的。正因如此，时间的考验才必不可少。**无论朋友还是恋人，无论同伴还是上下级，当我们将时间的考验抛诸脑后时，就会对人际关系产生误判，进而导致个人运势降低。**

成为距离感的"达人"

跟喜欢推卸责任的人和喜欢装腔作势的人保持距离，这是保护自己的基本要求。和特定职业的人或者个性很强的人打交道时，我们要保持适当的距离感，这是维持个人运势的秘诀。换句话说，人生的充实程度和距离感的保持是成正比的。

中国的思想家庄子说过："君子之交淡如水。"**君子之间的交往应该像水一样平淡，这样的友谊才会长久。**这种"淡如水"的人际关系就是我想说的距离感。

距离感的把握是很重要的，具体要视情况而定。我们不能盲目地相信一个人，也不能因为胡乱猜疑就全盘否定一个人。也就是说，我们不能单纯地把人分为"好人"和"坏人"。

人性不是非黑即白的，而是有"灰色地带"的。时代、年龄、境遇及接触的人都能改变人性的"灰度"。我们要准确判断自己和对方的"灰度"，把握好距离感，找准人际关系中的"切入点"。

当然，我们不能表现得太明显。过于冷漠也会给对方留下不好的印象，这也属于没有把握好分寸。在展现热情的同时，又让对方摸不透自己是怎么想的，这就是大人比小孩更成熟的地方。

我很喜欢格斗术。观察那些有名的拳击选手和世界冠军，你就会发现他们都是距离感的达人。高手们打拳时的力量、技巧和速度确实高于常人，但他们和普通拳手的根本差异到底是什么呢？那就是距离感了。优秀拳手能和对手保持恰到好处的距离，既让自己的拳头能打得到对方，又能保证自己不被对方打到。

工作和人生也是一样的，希望各位读者都能成为距离感的"达人"。

那要想把握好距离感，该做点儿什么心理准备呢？下面我就分几点和大家详细讲讲。

意识不到嫉妒心的可怕，会走霉运

我们首先要意识到嫉妒心的可怕之处，然后尽量避免让他人对我们心生嫉妒。

关于这一点，我自己深有体会。年轻的时候我一无所有，所以我的嫉妒心比别人更强。对那些功成名就的人的嫉妒就不用说了，就连能找到漂亮女朋友的人也让我眼红。

然而，强烈的嫉妒心却成了我奋斗的原动力，让我走上了成功之路——我心里只有一个想法：绝对不能输给这帮家伙！

正因为我知道嫉妒心有多可怕，所以我才告诉自己，绝对不能成为别人的眼中钉。我的生意做得风生水起，但我从来不开豪车，因为我不想让自己的成功显得过于刺眼。**嫉妒心的威力有如熊熊烈火，我怕自己稍有不慎就会引"火"烧身。**

有些人成功之后总喜欢到处炫耀，一副趾高气扬的样子。这种行为不仅有损运势，甚至还会给其带来霉运。到处夸耀自己的成功就是在四处树敌，这会大大增加我们前进的阻力，所以当我们凭借努力和好运获得成功时，要远离那些嫉妒心强的人。

人在什么情况下最容易心生嫉妒呢？一个能力、境遇和自己差不多的人，突然发家致富，飞黄腾达的时候。

"羡慕"是嫉妒的魔咒

嫉妒心强的人绝对不会直接跟别人说"好羡慕你啊"，因为这句话一旦说出口就代表他们认输了，但他们的内心已经深陷嫉妒的旋涡，不可自拔。从这个角度来说，"羡慕"这个词也算能给人带来不幸的"魔咒"了。所以我们没必要总把这种话挂在嘴边，免得给自己造成不好的心理暗示。

嫉妒的本质到底是什么呢？那就是极度渴望对方的失败。还是那句话，**别让诅咒的想法占据我们的大脑，这只会给我们带来不幸。**

不搞迷信那一套

像运动员和棋手这种以比赛为生的人，一般都很重视好兆头，经营者也是一样。很多有名的大企业家在重要会议之前，都要精心挑选衬衫和领带的颜色，甚至连宴会的菜单都很有讲究。他们认为这样会给自己带来好兆头，能维系自己的幸运。

但我从来不搞这一套。姓名占卜、风水、算命还有看手相之类的，我一概不信。"唐吉诃德"很多分店都是在所谓的"大凶日"开业的。2017年开业的一号店现在人气爆棚，但当初很多人都说这家店的风水不好。

如果光靠玄学就能提升运势，那大家就不用这么辛苦了。说到底，调整好自己的心态才是最重要的，这和开不开运没什么关系。

我从来不相信风水或者好兆头之类的东西。如果一个人过于迷信，总是喜欢瞎折腾，那反而会让自己的运势下降。根据我的经验，**放弃那些没有科学依据的东西，好运才会到来**。

否极泰来

1997年，"唐吉诃德"新宿店在东京新宿的职安通街开业。职安通一带现在是日本最繁华的

"韩国商业街"，但当年我选址的时候，那里还被称为"恐怖街区"。零售企业普遍认为，不能在那种地方开店；当时公司内部也有不少人强烈反对，他们认为在职安通开店风险太大。

然而现在新宿店每晚灯火通明，已经成了"唐吉诃德"的业绩支柱。不仅如此，许多餐饮店和零售店受到吸引，也纷纷入驻。在"唐吉诃德"的带动下，职安通一带已经成了灯红酒绿的商业街，新宿店也成长为公司的"摇钱树"。

再比如，2015年开业的"MEGA唐吉诃德"新世界店位于大阪今新宫地区，这一片也被叫作"爱邻地区"，是大阪最大的"贫民窟"，这种地段却孕育出了"唐吉诃德"的超人气分店。2022年4月，星野度假酒店OMO7也在附近开业。

在其他公司犹豫不决的时候，我们公司已经果断出手，拿下了这些不被看好的门店。就这样，我们用极低的价格换来了超高人气的店铺。

否极泰来，物极必反，这就是一个人对"运"的感知力，理解这些，可比那些迷信的方法有用多了。

独断专行会削弱运势

在本章最后，我想简单说说"独断专行"这个话题。这是我最忌讳的事情，所以我时刻提醒自己不能做独断专行者。独断专行不只会影响个人运势，还会影响到集体运势，我在第七章会继续说。

古今中外，只要是和独断专行沾边的集体都没有好下场，独断专行者的个人运势也会严重衰落。

在企业中，不管是创始人还是职业经理人，一旦独断专行，居高临下，那他们的好日子就快到头了。当然了，企业的员工们也会受到牵连。和国家不同，企业比我们所想象的更加脆弱。我就不具体给大家举例了，光是零售业的例子就已经不胜枚举了。

独断专行是最无能的管理手段，通过恐惧控制人心只会磨灭员工的热情，而我们真正要做的则正好相反。

"独断专行"的对立面是"无私的境界"，这就是我们公司业绩上涨的秘诀。我们要把员工拉进热情的旋涡，激发他们的内在动力，这样的企业才有凝聚力。

我把这种状态叫作"保留所有权的民主主义经营"。

我不止一次说过："无论谁来领导公司，都要舍弃小我，把无私的经营模式贯彻到底。"因为经营者独断专行，会给公司带来灭顶之灾。

第四章要点

- 人际关系对个人运势有很大影响。

- 喜欢推卸责任的人不懂得换位思考，这种人会拉低你的个人运势。

- 人心是摸不透的，想了解一个人，时间的考验是必不可少的。

- 避免成为他人的眼中钉，做有距离感的"达人"。

专栏 挥霍信任和积累信任

成功和失败的分水岭

对经营者来说，创业之初总是步步维艰。即使开始比较顺利，也要谨慎谋划下一步。对公司的长远发展来说，什么才是最重要的呢？想搞清楚这个问题，我们先来聊聊成功和失败的分水岭。

三四十岁的时候，我刚开始创业，很多经营者都曾被我当作反面教材来学习。他们大多能力出众，头脑灵活，意志力强大，每天从早工作到晚。不仅如此，他们还很有人格魅力，什么话题都能聊上两句，人缘也不错。所以这样的创业者一定会获得相应的回报，能到达一定的高度。

但如果他们再想往上走，一定会受到局限。眼看公司撑不下去的时候，即便他们想凭顽强的意志东山再起，但最后也只能勉强维系，很难力挽狂澜。年复一年，他们渐渐感觉力不从心，最后完全消失在大家的视野里……这样的失败者要比成功者多得多。

但也有一些成功者能保持创业时的劲头，不断扩展业务，壮大自己的企业。在我的印象中，他们并没有什么特殊的能力或者坚韧不拔的意志，甚至还有些不拘小节。

前者最终黯然离场，后者却风生水起。二者的差距到底是怎么产生的呢？

是要眼前的利益，还是要长期的信任

失败者挥霍信任，而成功者积累信任。

前者确实嗅觉敏锐，头脑灵活，他们通过努力积攒了很多人脉。但到达了一定的高度后，他们大多逐渐利欲熏心，完全忘记了别人的恩德，只想着追求自己的利益。他们不惜牺牲长期累积的信任，只为换取一时的业绩。最糟糕的是，很多情况下他们对此并没有意识，这就是不会换位思考的表现。这种人总是好了伤疤忘了疼，不断重蹈覆辙。

可后者就不一样了。塞翁失马，焉知非福，他们大多不会被眼前的蝇头小利蒙蔽双眼，做生意时讲究诚信为先。所以他们才能获得长期的回报，在生意场上大获全胜。

经济学或者经营学的教材肯定不会告诉我们这些事，各位读者只能在《源流》里看到这些大实话："真正的利益源于顾客的信任。为眼前的蝇头小利失去顾客的信任，简直是得不偿失。所以我们无需迷茫，犹豫的时候就告诉自己，诚信经营才是正道。"

第五章

『换位思考』是核心关键词

什么是换位思考

在我的成功哲学中，"换位思考"是核心关键词。换位思考提升了我的个人运势，为我指明了前进的方向，让我享受到了成功的果实。

到底什么是换位思考呢？各位读者对各种说法肯定已经耳熟能详了，所以我就简单谈谈我个人的理解。

大家在生活中都有过恍然大悟的时候吧，就是通过某个契机突然看清了事物的本质。

我有过很多次走投无路的经历，正是这些经历一次次点醒了我，让我转变了自己的想法。我学到的最重要的事，就是站在对方的角度考虑问题，也就是换位思考。肯定有读者会想：这种事谁不知道啊？但各位先别着急，请继续听我说。

工作的过程中，我们多少都会遇到一些难题，正常人都会思考碰壁的原因，想办法解决问题。

但有时我们试了很多方法都行不通，无论如何都跨不过眼前这道坎。为什么会屡试屡败呢？那是因为我们没有从根本上解决问题，所以无论做什么都是隔靴搔痒。

试着改变自己的立场

遇到困难的时候，我们必须试着改变自己的立场，这和换位思考是一个意思。不要去想问题该怎么解决，而是要去想问题是怎么产生的，要学会站在他人的立场思考。这样一来，我们就能注意到很多被自己忽视的东西。从我的经验来说，这是提升运势的绝佳方法。

再说得具体一点吧。假设一个人的生意不景气，甚至每况愈下。如果失败的原因已经一目了然，那他肯定能想到解决办法，也不至于一直走下坡路了。很多情况下，我们就是因为不知道失败的原因，才会陷入僵局的。生意走下坡路具体来说，就是客户和消费者不再需要、不再支持我们提供的商品和服务了，如果能站在客户和消费者的角度认真想一想，我们就知道什么地方应该改善了。所以重要的不是自己怎么想，而是别人怎么想。对我来说，换位思考是提升运势的最好方法。但知易行难，很多人明白这个道理却做不到。我们没有圣人那种豁达的心态，大多数人都习惯以自我为中心，所以很容易一叶障目，沉浸在"我认为"的思维方式中。为了摘掉眼前的"叶子"，我们要反复经历"修罗场"的试炼，磨炼自己的意志。

想留住人心就要舍弃私欲

刚开始经营"泥棒市场"和"唐吉诃德"的时候，员工问题是我面临的一大难题。而正因如此，我才切实体会到了换位思考的必要性。

我年轻的时候只想着自己的事：想快点儿变成有钱人，想成功，想被人认可……这些想法占据了我的大脑。我经常对员工们说："大家要加油啊！业绩上去了，我就给大家涨工资！"但大家都能看出我的心思，所以这种话根本没什么激励作用。

员工问题一直让我头疼不已。有一天，店里

最能干的员工突然辞职了，后来我才知道他在我们店里的时候偷偷捞了不少"油水"；还有的员工跳槽到我们的对家去。这种事情接二连三地发生。

正是因为我不会换位思考，所以才导致了这种局面的发生。我就是一个活生生的反面教材——让员工为了老板的梦想而奋斗，这种想法不仅吸引不了人才，就连自己身边的人都留不住。

我认真反省了自己的态度，在舍弃私欲、舍弃自我后，我学会了站在员工的立场看问题。我每天都想着怎样才能让员工的幸福指数更高，还提出了很多实际方案。就这样，公司的经营逐渐走上了正轨。

无私和诚信能给人带来好运

还有一件事让我意识到了换位思考的重要性。

我刚开始做生意的时候，只会从卖家的角度看问题，结果货怎么都卖不出去，钱怎么都赚不到手。我非常急切，所以变本加厉，最后陷入恶性循环。

没有技巧的艺人无法逗笑观众，反而会导致冷场，因为他们想营造搞笑氛围的意图太明显了。做生意也一样，过度推销只会让顾客感到反感。

我对此深有体会。以前店里业绩不好，我完全不知道该怎么办。怎么才能把产品卖出去呢？怎么才能让顾客消费呢？我想了很多摆脱瓶颈的方法，最后我终于明白，顾客一眼就能看透商家的意图。

有的商家认为："反正顾客也不知道成本价是多少，我就多赚点儿吧。"这种小心思，顾客一定能看出来。就算顾客没有看透，商家也迟早会为自己不讲诚信的行为付出代价。

各位读者可能觉得："有的商品在其他店里也能买到，乱定价一定会被发现。但其他店里没有的商品，我想卖多少钱就卖多少钱，反正顾客也不知道。"但我告诉大家，这样做一定会被发现的。我可不是在吓唬人。每家店都有自己的"氛围感"。如果老板偷奸耍滑，那整个店都会散发着一种不靠谱的感觉，顾客是一定会感受到的。

我深知这一点，所以才选择无私、诚信地做

生意。"唐吉诃德"的原则非常明确——人气胜过收益。也就是说，**顾客的支持远重于业绩**。令人惊讶的是，确立这条经营原则以后，"唐吉诃德"的营业额和利润也日渐增加。

想赚大钱，诚信经营是唯一的方法。我并不想和大家谈论所谓的经商之道，我只想说，**想把生意做得长久，诚信经营是最有效的方法**。诚信能给人带来好运。

为什么"顾客至上"会成为我们的企业宗旨

我在《源流》中明确说过，PPIH 的企业宗旨是"顾客至上"。顾客想要什么，我们就提供什么。这背后还是"换位思考"的思维方式。

商人当然是以利益为先，想的就是怎样能把东西卖出去，怎样获得更多利润。但没有一个顾客是因为想给商家的营业额做贡献才来买东西的。买家和卖家的目的永远都不会改变。

所以我们公司索性站在顾客的立场，让顾客感觉"这家店还挺有意思的，没白来"。这就是我们公司的态度——一切从顾客的角度出发。

"泥棒市场"刚开业的时候，面临着一个又一个考验。当我开始奉行"顾客至上"的原则以后，情况发生了肉眼可见的变化。

"泥棒市场"主要卖一些廉价产品和已经停产的商品，很多产品卖完就没有了，无法继续补货。所以，我只能尽量挑一些看起来好卖的产品，不停地进货。

我仔细地观察顾客的一举一动，揣摩他们的心理活动，以挖掘他们的潜在需求。我努力打造顾客喜欢的店铺风格，选择顾客想要的商品。在定价上，我也下了一番功夫。

"压缩陈列"和"POP 洪水"

当时，"泥棒市场"没有多余的资金另租仓库或者雇用员工。一箱接一箱的货送到以后，只能靠我一个人把它们搬到 18 坪的小店里。货架上塞满了商品，架子上堆起来的纸箱已经顶到了天花板，就连过道也都被箱子占领，整个店像迷宫一样。

只是把箱子堆在店里，顾客根本不知道里面

装的都是什么。所以我给每个商品都写了POP介绍卡，然后把它们贴在货架上。由此而来的"压缩陈列"和"POP洪水"已经成了"唐吉诃德"的特色。"可能写不出字的圆珠笔10日元一支！"这种草率的POP手写卡竟然也备受欢迎。

出乎意料的是，开始压缩陈列后，来买东西的顾客突然变多了。小店里的"寻宝之旅"让他们期待感爆棚。这应该算是换位思考的成功案例。

发现夜晚的商机

凌晨营业的经营策略也是从"泥棒市场"开始的。

店里的工作全靠我一个人，所以晚上我还要忙着给商品分类、贴价签。在漆黑的深夜，一个年轻男人坐在明晃晃的路灯下，给商品一个一个地贴价签。这场面想想就觉得奇怪。路过的行人却纷纷来跟我搭话："干什么呢？""还没关门呐？"我不想错过每个卖货的机会，就开始招揽生意。有的东西连我自己都觉得卖不出去，竟然还真有人买，但可能是因为晚上来的顾客都喝了不少酒，乍一看觉得有意思就买了。

晚上的顾客和白天完全不一样，不只是一些精打细算的家庭主妇。

我注意到这一点后，把营业时间延长到了晚上 12 点。

一个人撑起一家店本来就不容易，凌晨还要继续营业，其中的辛苦不是一般人能想象的。但当时我已经顾不了那么多了。

难找，难拿，难买

压缩陈列把所有商品都挤在一起，这反而激发了顾客的好奇心，让他们想一探究竟。这种方式意外地收获了顾客的喜爱，凌晨营业的尝试也大获成功，一个接一个的意外发现让我摆脱了零售业的主流思维。

从常识看来，"泥棒市场"可谓是不走寻常路。"好找、好拿、好买"是零售行业的销售铁则，但我的店正好相反，主打"难找、难拿、难买"。

在零售行业，一切常理和既定的规则都不一定有效，甚至会起反作用。因为零售行业需要的是一种敏感度，能够瞬间捕捉顾客的心理和需求。这是我经营"泥棒市场"的经验。

大家都说，压缩陈列和凌晨营业是靠"反向经营"获得了成功，但我觉得，我才是那个"正向经营"的人——我只是学会了换位思考而已。

"唐吉诃德"为什么能所向披靡

换位思考的重要性不只体现在和顾客的关系中，在和对手的竞争中，这种思维方式也同样适用。**在竞争中，换位思考能让我们的战术更精准，更有杀伤力。**

站在竞争对手的角度来看，他们最害怕的情况就是我们抓住他们的软肋。

"唐吉诃德"是综合零售店，商品种类齐全，价格便宜，所以成了很多零售店的眼中钉。不管把店开在哪里，周边的商店都会集中火力向我们发起攻击。

但"唐吉诃德"在全国各地、各大商圈中始终所向披靡。究其原因，就是我们一直在思考对手究竟怕什么。最终，我们决定在定价、促销活动和销售方式上发挥优势。我们公司勇于挑战的企业文化就来源于换位思考的战术。

上下级关系也是一样的道理。"怎么才能让员工好好给我干活呢？"只用领导的眼光看问题，是留不住人心的。试着转换一下身份吧，"如果我是员工，领导怎么做，我才会更有工作的动力呢？"**换位思考是提升集体运势的必要条件，也是最基本的条件**，具体我会在第六章和第七章跟大家解释。

喜欢推卸责任是一种人格缺陷

在上一章中我说过，**喜欢推卸责任的人会拉低自己的运势**，同时，在我看来，**喜欢推卸责任也是一种人格缺陷**。

这种人对自己没有准确的判断，无法客观地认识自己，更不要说揣摩别人的心理了。在生活中也是一样，成年人和小孩最大的区别就是，是否具有换位思考的能力。小孩子只关心自己那点儿事情，这是很正常的。"我讨厌这个""我不要我不要"……他们任性的样子也很可爱，所以没人会和他们计较，但如果他们长大了之后还继续耍小孩子脾气，那就很招人讨厌了。

青春期是小孩子蜕变为成年人的时期。孩子们在关注自我和换位思考之间反复摇摆，青春期的痛苦就来源于内心的纠结。如果战胜了自己的内心，就能成为心智成熟的大人。反之，**思想不够成熟的人不管长到几岁，都依然只会推卸责任。**

麻将的奥义在于换位思考

打麻将时，新手只关注自己的手气如何，注意力全都在自己的牌上，但中高级玩家更在意别人手里的牌，他们会观察对手的状态，猜测对方的心理。擅长换位思考的人，麻将打得更好。

观察对手的微表情，不放过任何一个细微的动作，仔细揣摩对手的心理。这就是麻将的制胜法则，是我在无数次实战中悟出的经验。麻将桌上的"适应性训练"对我之后的人生和企业经营有很大帮助。

麻将是"幸运最大化和不幸最小化"的竞技。

从短期来看，输赢似乎全看手气。如果只打

上两三圈的话，无论是新手还是高手都得听天由命。在这一点上，麻将和围棋、象棋完全不同。后两者从一开局就是实力之战，选手的水平差距一目了然。但麻将不一样，随着圈数增加，高手的胜率逐渐得以体现。这种现象也可以用第一章的大数定律解释。

短期内决胜靠的是运气，长期还得靠实力，只打一两圈是看不出对手水平如何的，我想这就是麻将的神奇之处吧。人生和做生意也是一样，这一点很有意思。

"超认知"加"换位思考"

关于"换位思考"我们已经说了很多，接下来我想再补充一点——超认知。

幸运的人不仅能敏锐地感知眼前的事物，他们对潜在的机遇和危机也很敏感。除了因为他们懂得换位思考，还因为他们善于应用"超认知"思维。"换位思考＋超认知"的思维模式能让我们注意到被别人忽视的机遇和危机。

"超认知"本来是脑科学领域的专业术语，

最近经常被用于经营学和教育学，所以很多读者可能听过这个词。一般来说，超认知能力指的是客观地认识和评价自我的能力。超认知能力强的人无论在工作还是学习中都能取得优秀的成绩，在社会上也更容易获得成功。

我自己通俗的理解是，超认知就是"鸟类视角"加"爬虫视角"。"鸟类视角"指从宏观视角俯瞰全局，而"爬虫视角"则是从微观视角近距离观察。两种视角相结合，事物将会更加立体地呈现在我们眼前。所以，**超认知是一种"复眼式"的思维方式。"鸟类视角"结合"爬虫视角"能让我们在日常生活中发现商机，为创业提供思路。只有深入观察身边的环境，再跳出局部看整体，我们才能挖掘出潜在的商机。**

就拿我自己来举例吧。从 2015 年开始，我一直在新加坡生活，于是 2017 年，我就在新加坡开了第一家"DON DON DONKI"。我经常去帕劳潜水，所以我计划在帕劳开一家酒店，预计 2024 年秋天开业。冲绳和宫古岛以前是我们公司的团建地，2016 年我开了第一家岛上分店——"'唐吉诃德'宫古岛店"。2024 年 4 月，"DON

DON DONKI VILLAGE OF DONKI"在另一个团建地关岛正式营业。

"运"的传感器

在关岛开店的尝试，源于"换位思考＋超认知"的思维方式。

关岛也是我们公司的团建地之一，所以我经常去。每次到了关岛，我都会想：如果在这开一家店，说不定能行。

发现了这个潜在的商机后，我马上开始为新店选址。但纵观整个商圈，我发现了一个致命的问题——我看好的地方离机场很近，那一片区域经常交通拥堵，无法直接把店开在那儿。

所以我又开始换位思考。

在附近修一条小道，交通拥堵不就缓解了吗。但修了路以后，要是大家蜂拥而至，店里人太多了怎么办呢？还得再想想办法……我代入当地居民的视角，最终打造出了关岛分店。

敏锐的感知力让我提前察觉到危机和机遇，所以我总能想到别人想不到的点子。说到底还是靠"换位思考＋超认知"，它们就相当于"运"的传感器，直接决定了一个人的运势。

能包容模糊性的谦卑之心

本章最后，我想说，**人应该学会包容模糊性，保持谦卑之心**。这一点是很重要的。

脑科学家中野信子在她的著作《脑的阴暗面》一书中曾说："脑科学认为模棱两可是一件好事。"她还在书里写道："如果一个人没有包容模糊性的谦卑之心，他的大脑就会出错。"我看了以后真想拍案叫绝。"能包容模糊性的谦卑之心"，这个说法实在太贴切了。

大多数人都不喜欢模棱两可的状态。就算没到厌恶的程度，也会觉得很不舒服，而简洁明了的回答总能给人一种痛快的感觉。从这个角度来说，寻求明确的答案就是在寻求某种快感。然而，能轻易得到的答案却未必是正解。现实中大多数情况都是这样。

所以我们不能一味追求这种快感，而是应该保持一颗谦卑之心，摸索前行。**在为了摆脱瓶颈**

而绞尽脑汁时，在与困难不懈斗争时，我们自然会得到想要的答案。

请大家回想一下我们之前说的"时间的考验"。时间并不能马上给我们一个答案，面对这种模糊的状态，我们只能保持谦卑之心，耐心等待。我认为包容模糊性是提升个人运势的秘诀。

顺便说说学校里的尖子生吧。对他们来说，凡事似乎只有对错两面。一直以来接受的教育告诉他们"真理是永恒不变的"，他们对此也深信不疑。所以他们总认为某件事情必须是某样，因此在无谓的纠结上花费了太多精力，搞得自己精疲力竭，最终导致个人运势下降。

反正我是不会纠结这种事情的。时代一直在变，现在对的东西以后未必还是对的，况且在不同的状况下，我们也要学会变通。所谓的"正解"本来就不是一成不变的。

独断专行者追求的就是非黑即白的"正解"，在两个极端之中寻求快感，然而现实总是介于黑白之间的灰色地带。**独断专行者不允许任何模糊性存在，所以才会自取灭亡。**

第五章要点

- 换位思考就是站在对方的立场考虑问题。

- 经营者如果不能舍弃私欲、舍弃自我，就没法吸引优秀人才，也无法赢得顾客的支持。

- 从"顾客至上主义"出发，好好想想顾客需要什么。

- 不要通过明确的"正解"寻求快感。只有在和困难斗争的过程中，才能找到问题真正的答案。

目前为止，本书从各个角度出发，详细说明了提升运势的方法，以及可能降低运势的做法。

从下一章开始，我将把重点转移到如何强化集体运势这一主题上。我会从自己的经验出发，和大家谈谈我经营企业时的想法和做法。我在序言中说过，如果个人运势差，集体运势也好不到哪儿去。如果把提升个人运势的方式用一句话来概括，那我想告诉大家：假设就是假设。

光有热情和想法是不够的

各位读者看到这可能会很惊讶。这不是和之前讲的完全相反吗？我确实和大家说过，我的成功源于大胆假设和果断尝试，正是一个接一个的挑战给我带来了好运。我在第二章说过，挑战的价值是不可估量的，接着在第三章中，我又提出了"速攻坚守""先行而后三思"的观点。但大家别忘了，在第一章和第五章中我也说过，"假设"和"验证"是一套组合拳。

我真正想说的是，不要拘泥于主观的假设而忽略了客观的验证。现实中，这种失败的案例有很多。很多经营者和创业者过分相信自己的假设，以至于他们对现实视而不见，在形势不利的情况下还要往前冲，最后落得个永无翻身之日的下场。

假设就是假设，具体什么情况还得试试才知道。自己的判断和假设有误时，就谦虚地接受，然后随机应变，挽救局面就好了。在一次次尝试中，我们的眼光会越来越准，好运自然也会到来。所以我们要记住，假设不是现实。在这个前提下做决定，那分寸就拿捏得刚刚好了，结合第五章我们讲的"鸟类视角+爬虫视角"，相信大家会有很大收获。

假设和行动都是需要热情的，但我们不该在里面掺杂自己的执念，否则就和我的观点背道而驰了。想要成功，我们一定要敢于假设。当然，要记住一个前提——假设就是假设。我再强调一次，这是一个人走向幸运或不幸的决定性因素。

善后不如未雨绸缪

如果说上文都是理论，那下面开始就是实战了。未雨绸缪本来是风险管理的概念，防范可能出现的风险总好过"事后拍大腿"。记住这一点会给你带来好运。

从我的经验来说，如果业务进展得不顺利，事前一定会有一些征兆。不要错过危险的信号，防患于未然，能帮我们省去很多麻烦。

未雨绸缪就是花费最少的精力，承担最小的风险，然后收获最大的效果。"如果那时候我能早点儿发现，及时采取对策就好了啊！"各位读者肯定有这种事后追悔莫及的时候吧。

未雨绸缪的想法不只适用于应对危机，

还适用于制订新计划、开拓新业态。比如面对顾客时，我们要观察顾客的情绪，思考下一步该做什么。毫不夸张地说，这直接决定了店铺或者个人业绩的好坏。

善于未雨绸缪的人感受力很强，他们能察觉业务背后的多面性和潜在的危机。这和畏首畏尾完全是两码事。有一些东西是肉眼看不到的，但善于未雨绸缪的人总能看透事物的本质，因为他们有强大的认知力和理解力。

未雨绸缪和随机应变的区别

未雨绸缪和随机应变有什么区别呢？感觉可能要下雨，所以提前准备了雨伞，这是未雨绸缪；下雨之后赶紧先找个地方避雨，再看天气做下一步打算，这是随机应变。

一般来说，随机应变指无法对事物做出准确的预判，只能在结果出现后灵活、快速地应对。这种战术的特点在于精度高，攻击性强。而未雨绸缪是在消极影响出现之前就提前思考对策，是一种相对保守的战术。

我始终认为，强大的攻击力源于牢固的防守。未雨绸缪是守，随机应变是攻，两种战术结合就能所向披靡，百战百胜。这样一来，不用祈祷，好运自然会来到我们的身边。

第六章

集体运势的飞轮

在通货紧缩的大环境下逆势前进

1989 年，我在东京府中开了"唐吉诃德"一号店。接下来的几年中，公司发展势如破竹，一路高歌猛进。PPIH 自成立以来，连续 34 年增收增益，现在正在创造第 35 年的新纪录。

公司业绩的增长幅度惊人，30 多年中销售额增长至最初的 2000 倍，销售利润增长至 26000 多倍（从 1990 年的 400 万日元到 2023 年的 1052 亿日元）。本年度年销售额已经突破了 2 万亿日元。

在此期间，我们经历了日本"失去的 30 年"。这 30 年中，日本遭遇了前所未有的通货紧缩，在世界经济史上也算是空前的大事件，PPIH 却在通货紧缩的大环境下逆势前进，甚至在综合零售业中上演了"通货膨胀"的奇迹，形成了一家独大的局面。

如表 6-1 所示，1989 年日本泡沫经济迎来最高峰。后来，PPIH 的股价却攀升至原来的 78 倍，绩效评估结果遥遥领先。表 6-1 中的很多企业都是由创始人经营的，我们在第四章说过，这样的企业经营绩效更好。

表 6-1　1989 年后股价大幅上涨的企业

序号	企业名称	股价增长
1	泉盛控股株式会社	236 倍
2	Lasertec	171 倍
3	LINE 雅虎	116 倍
4	迅销集团	112 倍
5	泛太平洋国际控股公司	78 倍
6	宜得利家居	76 倍
7	CyberAgent	59 倍
8	基恩士	58 倍
9	哈默纳科	57 倍
10	迪思科	53 倍

资料来源：2024 年 2 月 3 日，《日本经济新闻》。

那我们公司逆势增长的原因到底是什么呢？

其实在光鲜的数据下，有很多不为人知的辛酸。作为创始人，我对此深有体会。这 30 多年中，公司的发展就像过山车，经历了无数次大起大落。第二章我们提到过居民抗议活动，诸如此类的事情有很多，但我们从没有停下挑战的脚步。

经营是一场高风险的游戏，而我已经是这场游戏的老玩家了。大家可以把企业经营类比为猜拳游戏，我们不可能在猜拳游戏中连胜30多次，PPIH却做到了。PPIH驰骋商场34年仍然能屹立不倒，这背后的原因究竟是什么呢？

说实话，我也不知道，但我心里总有一种底气。这种底气来源于我们公司强盛的集体运势。集体运势不是天赐的，而是靠自己努力创造的。各位读者可能没听过集体运势这种说法，字典里也没有这个词，它是我一番苦思冥想之后创造出来的。

有一种力量能把人吸进热情的旋涡

我白手起家，没有什么捷径可走，"唐吉诃德"卖的也不是原创产品，店里的员工更不是高学历的技术型人才。就是这么一家平平无奇的公司却后来者居上，称霸零售行业，以压倒性的优势一次次获得成功，就是因为我们公司的集体运势就像高速运转的飞轮一样。

飞轮安装在汽车发动机的曲轴上，它可以利用惯性保持旋转速度，储存旋转动能。汽车启动时，飞轮逐渐加速，当速度到达某个节点时，飞轮就有足够的能量带动汽车前进了。

"泥棒市场"和"唐吉诃德"最初都是我个人的挑战。我在本书的前半部分说过，提升个人运势能帮助企业获得巨大的成功，然而随着店铺规模不断扩大，我的个人运势很难覆盖全体，所以我必须把自己的个人运势转化为员工们的动力。

不管经营者有多热情澎湃，多乐于挑战，如果员工们没有继承这种精神，公司就很难取得进步，很快就会到达瓶颈期。经营者要用自己的热情带动员工，让员工们发自内心地热爱工作。当**员工们的热情转化为集体运势时，"运"的飞轮才会开始转动。我把这种力量叫作"把人吸进热情旋涡的力量"。**

这种力量让我的"运"转化为了员工们的"运"，然后个人运势又形成了集体运势。这一系列化学反应产生了爆发性的推动力。

从一无所有到如今的PPIH，只靠我一个人的力量是不可能完成这个奇迹的。我当然不是说个人运势完全没用，但PPIH能有今天，集体运势起到了至关重要的作用。

短期的集体运势和长期的集体运势

为了方便大家理解集体运势的概念，下面我来补充一些例子。棒球比赛这种团体竞技最能体现集体运势的作用。

每年夏天的甲子园大会（高中棒球比赛）地区赛中都能看见这样的参赛队伍：他们的实力并非数一数二，甚至只能算中等水平，却意外成为初赛中的黑马选手，成功夺得甲子园大会的出场权。对此，大家往往认为他们"走了狗屎运"，但要我说的话，这就是短暂的集体运势带来的力量。

比赛的时候，某个人斗志昂扬的一句话可能会让整个团队受到鼓舞："大家一起上""我们一定能赢"……团队高涨的情绪会引发意想不到的

"化学反应"，"1+1"可能产生"3""4"，甚至"5"的效果。在众人的超常发挥下，奇迹就出现了。这就是集体运势的本质。

再比如，2023年3月的世界棒球经典赛也出现了同样的情况。各位读者可能都听说了日本国家队的辉煌战绩——时隔14年，日本再次夺得世界冠军。在各场比赛中，大谷翔平、达比修有等美国职业棒球大联盟的超一流选手用谦逊的态度和饱满的精神，为大家献上了一场场精彩的对决。在和美国队进行决赛之前，大谷翔平激励自己的队友们说："不用羡慕他们，我们今天是来超越他们的！我们就是为第一名来的！"这番话大大提振了日本队的士气。

大谷翔平和达比修有的超强个人运势成功转化为日本队的集体运势，把队员们吸进了"热情的旋涡"。我认为这就是日本队大获全胜的原因。

但这都是短期的集体运势，只能在某几场比赛中发挥作用。而对于经营者和商人来说，决胜的关键在于长期运势，就算短期内落于下风也没关系，只要在失败中总结反省，重整旗鼓后继续果断出击就好。企业想要成功，就必须努力提升集体运势。

我为什么要下放权力

接下来我就来说说最重要的部分——我是如何提升公司的集体运势的。

关键就在于彻底放权给基层员工。一般来说，权力下放是指上司把自己的部分权力移交给下属，让下属自由开展业务。这是一种常见的经营方法。但我所说的权力下放并不是下放一部分权力，而是把业务全权交付下属。

我为什么要这样做呢？这还得从"唐吉诃德"刚创立时说起。

我在第五章里说过，"泥棒市场"的经营教给我的最重要的一件事就是换位思考，所以我才从顾客的角度出发，打造出了一家有趣的店铺，让挑选商品的过程变得更令人兴奋。"唐吉诃德"的特色"压缩陈列"和"POP洪水"就是这样诞生的。我的经营方式和一般的连锁零售店完全不同，甚至可以说是有点儿离谱。

我想把经营"泥棒市场"时积累的经验用到

"唐吉诃德"的经营中，进展却并不顺利。因为我的那套经营方式违背了零售业的常识，所以我雇的员工们完全理解不了。

我对员工们说："我们要做到独一无二，绝对不能和其他店一样！大家记住了吗？"员工们干劲十足地回答我："记住了！"但他们一开始工作，就完全把我的话忘到脑后去了。

不过这也情有可原，毕竟当时零售店的原则是"好找、好拿、好买"，现在可能也是这样，我却不按常理出牌，偏偏追求"难找、难拿、难买"。这在员工们看来是很荒谬的，所以他们理解不了我的话，也不知道到底该怎么做。

不要告诉员工该怎么做，让他们自己去做

到底怎样才能让员工们明白我的想法呢？这个问题让我头疼不已。当时店里没什么能干的人，就算告诉他们该做什么，甚至手把手教他们怎么做，也完全达不到我想要的效果，根本没人能对我的意图心领神会。我做的事，员工们怎么也做不来。这让我感到很绝望。算了，要不就这样吧。

我甚至不止一次想过把店卖出去，但我最终还是打消了这个念头。一番苦思冥想过后，我决定重新开始。我意识到光是告诉他们该怎么做是没用的，或者说这个行为本身就没有任何意义。

我意识到这样不行之后，当机立断决定换种方法——不要告诉员工该怎么做，要让他们自己去做。

不是下放一部分权力，而是下放所有权力。 我给每个营业员都划定了销售区域，从进货、商品陈列，到定价、销售，一切都让他们自己决定，每个负责人手里都有一本专用的存折。"唐吉诃德"的成功就是从权力下放开始的。

好运始于权力下放

无论对于我个人，还是对于"唐吉诃德"来说，权力下放都是好运的起点，这和第二章的"幸运最大化"也有关系。

为什么这么说呢？我们再回顾一下当时的情况。

"唐吉诃德"刚成立的时候，店里的大小事

务全压在我一个人身上，"压缩陈列"和"POP洪水"等店内陈设就不用说了，就连进货都得靠我自己。在我起早贪黑的努力下，"唐吉诃德"的经营终于走上了正轨，店里生意越来越红火，我一个人根本忙不过来，况且我还想再多开几家店，所以必须雇几个员工。

我和员工们说了"压缩陈列"的想法，但他们都没能领会我的意思。我束手无策，卡在了这个瓶颈。光靠我自己是不行的，但周围又没有帮得上忙的人，我感觉自己彻底陷入了困境。

这时，我想到了"不幸最小化"的原则，这种情况下就没必要再继续挣扎了，什么都不做，熬过这段时间就好了。所以，我决定把权力下放给一线员工。

然而结果大大出乎我的意料。员工们有了权力以后，开始独立思考、判断，彻底放开了手脚。他们工作的时候干劲十足，不知不觉中竟然自己学会了"压缩陈列"，领悟了进货的要点。员工们把我独创的经营风格扩大再生产，于是"唐吉诃德"迅速走上了扩张之路。很明显，这就是"幸运最大化"。

权力下放让不利的形势来了个 180° 大转弯，成了好运的起点。

"主投手"退居二线，门店内百花齐放

《源流》里明确提到了权力下放的重要性，现在这个理念已经扎根于我们公司每个人的心里。当初我其实也经历了一番痛苦和不安，权力下放的尝试让我的内心备受煎熬。虽然我把权力彻底下放给了员工，但每天仍然免不了提心吊胆：他们真的能行吗？该不会给我留下一堆烂摊子吧？

我见过的世面更多，做生意的经验也更丰富，所以我一直把自己定位成"唐吉诃德"的"主投手兼教练"，听起来简直比大谷翔平的"二刀流"①还厉害。

"主投手"突然退居二线，把店铺全权委托给了新手们。我越想越担心，每天晚上都焦虑得睡不着觉。但如果不这样做，我就只能凡事亲力

---

① 二刀流：通常情况下，日本武士对决时，每人只能用一把刀。而大谷翔平同时拥有投球和击球这两把"刀"，所以被称为"二刀流"。

亲为，那"唐吉诃德"的扩张目标根本无从实现，公司的未来也将是一片黑暗。

经过一番纠结，为了公司的长远发展，我最后还是决定放手让员工们自己去做。既然已经决定了，就不能中途变卦，无论结果如何都要坚持到底。我甚至做好了"必死"的准备。

可我担心的事情并没有发生，形势反而变得明朗了起来。员工们出色的表现让我眼前一亮。他们虽然没有采用我之前的方法，但做得比我更好。

每个人都充分展现了自己的个性，发挥了自己的优势，店里不同的销售区风格各异，百花齐放。那一刻，我恍然大悟。我切实感受到了集体运势的力量，在日后的经营中我也更加注重提升公司的集体运势。在第七章中我会继续讲到，这和我们公司的多样化经营有直接关系。

扩张性的陷阱

关于"唐吉诃德"的扩张，还有一点让我担心。各位读者可能知道，"唐吉诃德"有难以复刻的商业特色和品牌形象，这确保了我们公司的独特性。但维持特色经营需要花费大量精力，确实不是件容易的事，而且"唐吉诃德"就算具备一定的独特性，从结构上来说也很难实现大规模扩张。

当时我在两个选择中反复摇摆：要么为了扩张而放弃店铺特色，但这样的店谁都能开，要么保留特色，确保竞争力，继续把权力下放给一线员工。

我最终还是选择了后者。可以说，权力下放是"神的选择"。这个选择为我们公司带来了莫大的幸运，那就是强盛的集体运势。

"唐吉诃德"的生意非常火爆，门口经常排着长队。在顾客眼中，"唐吉诃德"特色鲜明，趣味十足，全日本再也找不出第二家这样的店了。

但正因如此，各门店的负担不断增加，"唐吉诃德"离扩张的目标也越来越远。光是五六个分店就已经让人应接不暇了，我好不容易才摸索出一点儿门道来，这样下去可不行。

"唐吉诃德"的经营模式过于复杂，想要增加门店数量，就必须舍弃一些东西。但站在竞争对手的角度来看，如果"唐吉诃德"一味地注重扩张,削弱了品牌个性,就会失去竞争力,变得不堪一击。

我又面临着和当初相同的抉择——在扩张性和竞争力中二选一。

但这次我突然意识到:扩张性不正是建立在竞争力的基础之上吗?这么简单的事情我居然才想明白!所以我义无反顾地选择了保留竞争力,选择了客户的支持和店铺的人气。在此基础上,我开始重新思考扩张门店的方案。

一般的连锁店只重视扩张性,所以他们的经营才会走下坡路。**竞争力才是最强的运势**,可他们却本末倒置,为了扩张店铺而牺牲了竞争力。

比如,很多人气餐厅的好评源于讲究的大厨和美味的饭菜。但这些餐厅一旦走上扩张之路,就忽视了口味和服务的重要性,最终既失去了特色,也失去了顾客的支持。相信大家对此深有体会。

这样的餐厅就是掉进了扩张性的陷阱。"唐吉诃德"差一点儿也犯了同样的错误,但还好最后悬崖勒马。

"主权在现"和"and"原则

下面我们来说说,"唐吉诃德"具体是如何发挥独特的竞争力,并把竞争力和扩张性相结合的。简单来说,就是快速、灵活地采取对策,做到随机应变。其实这也属于一种结果论。

如今零售行业风起云涌,"随机应变"已经成了决胜的关键词,大家普遍认为这是一种积极的应对方式,所以很多人常说"零售业就是一个随机应变的行业"。

PPIH也一样。"随机应变"已经刻进了我们公司的基因,成了雷打不动的经营原则。我坚信变化是常态,世界上没有永恒的正解,我们只能在实战中寻找答案。我们要清楚地意识到眼前的问题,灵活地解决问题,否则就会被时代的浪潮吞没。

从经营常识来看,"随机应变"就是要放权给一线员工,让他们大胆去做,也可以理解为"放弃"经营权。

最终我还是决定放手一搏,毕竟那时我已经走投无路了。经过一番心理斗争后,我决定"死马当活马医",把经营权完全交给门店现场的员工。这就是我说的"主权在现"。

"个人商店主义"让我做出了这个决定,竞争力和扩张性本来是两个不可兼得的选项,我却成功地在二者之中取得了平衡。换句话说,对于"唐吉诃德"来说,竞争力和扩张性之间不是"or"而是"and"。

做生意不是二选一,既要顾头,也要顾尾。只有具备了"and"的思维方式,才能获得成功。烹饪的时候,"and"的思维方式也是必不可少的。各种调料混合后,饭菜的味道才更有层次感。经营也是一个道理。虽然这不容易做到,但请大家记住,"and"原则是成功的要义。

舍不得孩子套不着狼

在面临和我一样的抉择时,很多经营者难免会选择扩张性,因为他们绝对不可能放弃经营权。

这样说可能有点儿冒昧,但很多未上市的中小企业的经营者都认为,经营权等同于他们的财产或者他们的价值,所以无论在什么情况下,他们都会死死抓住企业的经营权，根本不会产生"放弃"的念头。

就"唐吉诃德"的情况而言，如果我不"放弃"经营权，就无法扩张店铺。虽然现在权力下放已经成了"唐吉诃德"的经营特色之一，但当时我也是抱着"舍不得孩子套不着狼"这种心态放手一搏的。

说实话，在做出这个决定之前，我一直处于瓶颈期，每天都是烦闷、懊恼、纠结，但当时的局面让我不得不狠下心来。

一般的经营者是不会这样做的。他们可能会简化业务，在同质化严重的情况下继续扩张店铺；或者既不简化业务，也不扩张店铺，就在自己的能力范围内经营好现有的分店。

这两条路我都不会选。说得冠冕堂皇一点儿，我选择的路是"只身一人的革命"。这个选择让我的个人运势转变为了公司的集体运势，最终给我带来了意想不到的好运。我舍出了经营权，最后获得了一个年收入 2 万亿日元的国际流通企业，这个回报可以说是很丰厚了。"只身一人的革命"最终发展为"撼动零售行业的革命"。

"权力下放"和"个店经营"也适用于综合商超

"权力下放"和"个店经营"也适用于综合商超等其他业态。

2019 年 1 月，PPIH 收购了日本综合商超 UNY。UNY 成立于 1912 年，旗下有 APITA、PIAGO 等多家连锁超市。从 1990 年到 2000 年，UNY 在日本中部地区集中开了多家门店，却没有获得预期收益，反而激化了与永旺、7-11 等连锁店的竞争。截至 2017 年 2 月，UNY 共亏损 565 亿日元。

经过"唐吉诃德"的收购和改造，UNY 成功被盘活。2023 年 7 月到 12 月，UNY 的营业利润为 192 亿日元，利润率为 8.1%。在其他综合商超的营业额普遍有所下滑的情况下，UNY 却一枝独秀。

成功盘活 UNY，还是因为"权力下放"和"个店经营"。我先把卖场细分为 20 多个销售区域，并分别选定了负责人。每个销售区的商品供应、陈列、定价、库存管理等全部由负责人负责。

负责人无时无刻不在思考"怎么才能达到预期的毛利率呢""什么样的促销活动才能吸引顾客呢"。这种方式充分调动了员工的热情，提高了他们的积极性，形成了经营的良性循环。所以，UNY才有了现在的业绩。

权力下放的范围要窄，程度要深

在第四章我们说过，**如果一个人意识不到嫉妒心的可怕，就会给自己招来厄运，因为嫉妒心背后蕴含着可怕的能量。**

我们不能为自己的嫉妒心提供养料，沦为嫉妒的奴隶，但也有一些例外情况，就继续拿权力下放来说吧。获得经营权的员工们身处同一家公司，彼此之间都很熟悉，产生嫉妒心也很正常。嫉妒和悔恨是人的天性，对此我并不否认。相反，我正是利用这一点调动了员工们的积极性，让他们之间形成了良性竞争。

有人可能会反驳："你这样激发员工之间的竞争意识，就不怕他们互相给对方使绊子，影响公司的经营吗？"针对这个问题，PPIH有一套完善的应对机制，其中最重要的一点就是权力下放的范围要窄，程度要深。每个员工都是店主，负责的区块各不相同，就算给别人使绊子，自己的业绩也上不去。比起在背后搞小动作，还不如想办法多卖点儿货。相反，如果权力下放的范围太宽、程度太浅，那不同销售区域的经营就有可能重合，员工之间就会出现恶性竞争的情况。

大家可以想想自己去过的商业街，商业街里商户如云——干菜店、文具店、肉店、蔬菜店等，每家店的货品都不发生冲突。就算某家店妨碍别人做生意，客人也不一定光顾该店。每家店都生意兴隆，整条街充满生机，这样的商业街才能吸引更多客人，形成良性循环。

"唐吉诃德"的经营也是如此，我所说的"范围窄，程度深"就是这个意思。

不是"我的成功"，而是"我们的成功"

对于很多经营者来说，放弃经营权是不可能的事情。尤其是中小企业的经营者，他们从零开始一手创立了公司，亲眼见证了公司的成长。把经营权交付给别人，自己退居二线，就等于让他们彻底改变自己的工作方式，所以他们难以转变想法也是很正常的。

但如果一个经营者的自我意识太强，那他的个人运势和公司集体运势都很难提升。如果一个老板只想着自己的成功，每天把"我要怎样怎样"挂在嘴边，员工们是不会好好为他工作的——凭什么赚钱的是老板，工作的却是我呢？我所从事的零售行业更是这样，员工们的工作已经很辛苦了，他们是不会为了老板的梦想赴汤蹈火的。

在真正能留住人才的企业里，经营者更看重员工们的成功和幸福。当成功的主语变成了"我们"，好运自然就来了。这就是我们第五章里说的换位思考。同样是给人打工，一家公司的老板只看重自己的成功，而另一家公司的老板却进退有度，懂得克制自己，各位觉得哪家公司更能让员工满意呢？肯定是后者了。如果经营者不懂得克制自己，企业的集体运势就不会提升，中小企业就很难蜕变为大企业。

我在二三十岁的时候也不懂得克制，心里装的就是自己那点儿事情，所以员工们并不信任我，甚至好几次在背后捅刀子。

我开"泥棒市场"的时候，很多营业员总是借机捞公司的"油水"。店里每天不是丢钱就是丢东西，"泥棒市场"还真来了一群"小偷"。不仅如此，收银台里的钱和账面上的数字也经常对不上，但如果把员工都开除了，就没有人干活了，所以我只能继续忍着。

后来我转行去搞批发，有一天店里的员工突然全走了。原来他们拿走了客户名单，自己跑到别的地方开公司去了，最后只留下一个经理和一家空壳事务所。

经历了这么多事情以后，年轻的我觉得自己被命运抛弃了。就算我的个人运势还不错，我也不知道该怎样把它升华为集体运势。每天我都在想：这种日子我真是受够了。当时泡沫经济让房地产行业变得炙手可热，我甚至犹豫过，要不要转行。

但随着年龄增长，我的自我意识渐渐没那么强烈了。客观地说，我认为自己 50 岁以后才算真正有了进步。无论是作为一个人而言，还是作为企业的经营者而言，都是这样。当我不再聚焦于自己，形势才发生了变化。我们公司也是从那个时候开始，利用集体运势迅速成长，取得了长期发展。

舍弃小我，让我收获了年营收 2 万亿日元的企业。所以，把个人运势转化为集体运势的秘诀到底是什么呢？**那就是不要只追求"我的成功"，而要追求"我们的成功"。**

第六章要点

- PPIH 屡战屡胜的背后，是强大的集体运势。

- 经营者想把个人运势转化为集体运势，就要把员工吸进"热情的旋涡"。

- 提升集体运势的关键是放权给一线员工。

- 不要追求"我的成功"，而要追求"我们的成功"。

专栏 《源流》是提升集体运势的《孙子兵法》

"唐吉诃德"创立不久之后，我就切实感受到了明确企业理念的必要性。但我自己还没有什么成型的想法，而且每天又因为店里的业务忙得团团转，所以就把这件事搁置了。

作为企业的经营者，我经历了无数次修罗场，积累了很多经验，最终决定让公司上市。在这个过程中，我明白了提升运势的方法，总结出了自己的一套经营哲学。于是我重新捡起了当时的想法：要让这些经验可视化，我要把它们写下来，创作一本我们公司自己的企业理念集。于是在 2011 年，初版《源流》在公司内部发行了。

决定创作《源流》之后，我找来了很多国内外一流企业的理念集，但其中的内容读起来并没有什么实感，都是上位者说的漂亮话而已。

怎样才能让《源流》成为一本有灵魂的企业理念集呢？我没有范本可以参考，只能自己思考，反复试错。这个过程异常艰难，很长一段时间里我都一筹莫展。

《基业长青》和《源流》

正当我为此苦恼的时候，世界名著《基业长青》（*Build to Last*）给我带来了灵感。这本书从自然科学的角度，客观地说明了那些长盛不衰、蒸蒸日上的企业具有的共同点，是一本难得的好书。

很多盛极一时的企业纷纷走向衰落，只有少数能坚持到最后。这些企业长期发展的秘诀是什么呢？书中说，经营者要有明确的目标，而且要赢得大多数员工的支持，这样大家才会朝着同一个方向努力。我几乎不怎么看经营类的书，这本书却让我产生了前所未有的深刻体悟。

受到《基业长青》的启发，我再次下定决心，把这本书作为范例，开始了《源流》

的创作。

《基业长青》是一本关于集体运势的书

《基业长青》让我感动的另外一个原因就是，书中的内容和集体运势有很大关系。一开始这本书只翻译、发售了前三卷，但我反复读了好几遍，每次都觉得深有同感。

我给大家列举几个关键词和标题吧。比如说，"飞轮效应""BHAG（Big, Hairy, Audacious Goals，宏伟、艰难和大胆的目标）""让合适的人上车——先人后事"等，可以说，这本书是在告诉大家该怎样强化集体运势。最新出版的第四卷第七章的标题为"运的利润率"，作者甚至花费了几十页的篇幅围绕"运"展开了案例分析。我甚至觉得这本书不该叫《基业长青》，而应该改名叫《好运长青》。

总之，《源流》在很大程度上参考了《基业长青》的内容，现在已经成了帮助 PPIH 提升集体运势的《孙子兵法》。

连锁店主义容易导致集体运势衰落

下面我们换个话题。各位读者知道"连锁店主义"吗？这种零售业的经营方式最初来源于美国，从进货选品到促销活动都由总公司负责，各个分店只需要专心销售，执行总公司的指令就可以了。这种经营方式能确保工作效率。

而我们公司推崇"主权在现"，提倡的"各店主义"和"连锁店主义"正好相反。迄今为止，日本的很多大型零售企业都把"连锁店主义"当作制胜法宝。但差不多25年前，"连锁店主义"就已经开始走下坡路了，各大综合商超的倒闭就是最好的证明。

从"需求过剩"到"供给过剩"，消费者的价值观也发生了天翻地覆的变化。"连锁店主义"之所以失败，就是因为无法满足消费者的新需求。各大零售企业的势头减弱，PPIH取而代之，是因为那些企业的努力反而削弱了自己的运势。为什么这么说呢？

连锁店就像工厂的生产流水线，各分店被打造成了同质化严重的销售机器。现代消费者追求的是成熟化和多样化，千篇一律的模式自然满足不了顾客的多种需求。而我们公司把"个店主义"贯彻到底，所以才能凭借强大的销售力和其他公司拉开差距。

对顾客来说，集体运势强的店铺似乎更具吸引力。店里仿佛有一种看不见的磁场，吸引顾客纷至沓来。总之，当今时代，"连锁店主义"已经成了拉低集体运势的反面教材。

第七章

如何创造有内驱力的『超级幸运体』

士兵踮步胜过将军千里

本章是集体运势的实战应用篇，我会结合自己的经验和具体的例子，深入谈谈集体运势的本质。

想形成集体运势，还得先看看高层管理者的资质。

很多经营者自身实力超群，也不乏野心，但公司的业绩就是上不去。他们经常和我抱怨："我们公司的员工个个都是傻瓜。"每次听到这种话，我都只想反驳他们："不懂得知人善任的经营者才是最大的傻瓜。"

很多人都没有意识到，士兵踮步胜过将军千里，这一点对企业发展是很重要的。**比起一个人孤军奋战，经营者应该学会激发员工们的热情，让大家拧成一股绳，这样才能起到事半功倍的效果。**如果连这么简单的道理都不懂，还谈什么经营企业呢？

经营者最应该做的就是燃起一线员工的斗志，创造具有内驱力的"超级幸运体"。

怎样创造集体运势的奇迹

经营者与其自己埋头苦干，不如让公司的员工们发光发热，创造一个具有内驱力的团队。为团队源源不断地提供燃料，是经营者不可或缺的能力。

那团队需要的燃料是什么呢？可以是每次会议上的创造性课题，也可以是帮助员工摆脱瓶颈、展望光明未来的提案。经营者必须时常为员工提供有益的建议。这样员工们才会觉得："好像挺有意思的，试试看吧""看起来很有前景，我得好好努力"。当员工们昂扬的斗志汇聚成团队的爆发力时，企业将无可匹敌。团队中的所有成员都发挥出超常的实力，就能创造集体运势的奇迹，这也是企业跃进的秘诀。

当每个员工都想迈出一步试试看，企业的能量就会达到巅峰，这对店铺、人才、商品调拨、产品开发都会产生影响。正是这股强大的爆发力让"唐吉诃德"迅速崛起，称霸全国。

人格魅力是最强的能力

对于我们这种从事零售行业的人来说，什么能力才是最重要的呢？如果有人问我这个问题，我会毫不犹豫地回答：人格。**一个经营者最强的能力就是让员工心甘情愿为他"卖命"**。这就是一个人身上特有的魅力和人情味，换句话说就是一个人的人格魅力。

我在第一章说过，对"运"的感知力可以归结为人与人之间的问题，所以我说的"人格"主要指共情能力。我们要共情员工，每天见面时问候一句："谢谢你每天为公司尽心尽力。工作辛苦了，加油啊！"如果一个经营者始终保持高高在上的姿态，不管他的能力多强，指示多明确，都没人愿意在他手下做事。这就是零售行业的真相。

总之，**人格是提升集体运势的终极密码**，对经营者来说更是如此。

我不敢说自己的人格有多高尚，我身上甚至还有很多缺点。但我有自知之明，所以才时常告诫自己要不断精进，不断磨炼自己的品性。

领导者的人格直接关系到集体运势，对公司的经营有很大影响。在"唐吉诃德"上市后，我深刻地意识到了这一点，所以我更加严格地要求自己的生活方式和言行举止。

《源流》中收录了我们公司的五条禁令：禁止公私混同；禁止中饱私囊；禁止不作为；禁止徇私；禁止中伤他人。这几条铁律是 1996 年公司上市前制定的，但最受约束的其实还是我自己。

真正的能力是动员团队的能力

请大家想一想，领导者必须具备什么样的能力呢？能力的种类和定义有很多，是突出的才干和专业技能？是比别人赚取更多利润的商业才能？这些都是正确答案，但从公司经营和店铺运营的角度来说，真正的能力是动员团队的能力。

动员团队就是动员人。单纯的技能、勤奋

或者高智商，统统不是决定性因素。想要维持良好的人际关系，还得靠人格。某些突出专业知识和专业技能的领域可能存在例外。比如说一些 IT 企业或者新兴企业，可能只靠几个天才就能实现公司的运作。对于这些企业的经营者来说，专业技能显然比人格魅力更重要；对于一线员工来说也是一样，打磨专业本领就是他们的头等大事。

但服务行业就完全不同了，因为我们打交道的对象是人。在日本的就业人口中，服务业从业者占比接近六成。服务行业需要一对一接待顾客，无论个人能力多强，也无法和别人拉开量的差距。从这个角度来说，技能的覆盖面是有限的。

我想说的是，零售行业不是个人战，而是团体战。经营者要想办法激发员工的斗志，在实战的打磨中加倍发挥集体运势的效果，增强整个团队的凝聚力。这需要领导者用多元的视角看问题。领导者的"终极武器"是人的力量，也就是人格魅力。

衷心感谢我的员工们

如果非要说人格具体指什么，我认为是共情能力。**领导者要体察员工的努力和付出，走进员工的内心。**

"唐吉诃德"的营业员在销售最前线挥洒汗水，他们每天肯定会遇到很多不顺心的事情，但还是任劳任怨地坚守岗位。

作为经营者，要学会换位思考——作为一名员工，听到什么样的话才会更有干劲？这种时候经营者不能只想着多赚钱，要放弃那些以自我为中心的想法。

"每天工作这么忙，辛苦啦！今后公司的发展还要靠咱们一起努力啊！"如果一个经营者能发自内心地体谅员工、尊重员工，那大家都会心甘情愿地追随他。

零售业是"大众戏剧"

零售业就是一场"大众戏剧"，经营者只有抓住顾客和员工的心，这场戏才有声有色，而这需要强大的共情能力。

一般的经营顾问是绝对不会给你这种建议的。他们就像站在泳池边指手画脚的教练，自己根本不会游泳，还要教溺水的人怎么自救。他们只会看着经营数据做一些无聊的总结，一旦被问到销售过程中细枝末节的问题，就说不出话来了。

想创造"超级幸运体"，就必须具备动员团队的能力，而只有活跃在一线的经营者才能做到这一点。

高声奏响胜利的凯歌

把经营者的个人运势转化为企业的集体运势是有诀窍的。**经营者要学会收敛自己的欲望和野心，不能只盯着自己的经营目标。只有站在员工的角度思考问题，稍微改变一下想法，才能收获良好的集体运势。**

再说得详细一点儿。经营者要把握社会的发展方向，展望企业的未来，并且把自己的想法转化为员工的动力。经营者应该好好想想，该怎么说话才能让员工更有干劲。经营者可以把自己当作乐队的指挥。在优秀指挥家的带领下，各种乐器的演奏者们才能发挥出最高水平，弹奏出和谐的音符，共同奏响胜利的凯歌。这就是集体运势的基础，也是我们公司茁壮发展的原动力。

在这里我想说说我对下一任经营者的要求：他必须能看透事物的本质，化繁为简；能带动公司的员工，获得他们的理解与认可；面对问题时，他要能同时给出多种解决方案，随机应变，根据情况做出最合适的选择。可能太过于理想化了，但这确实是我的真实想法。

不同行业对经营者能力的要求也不同。比如我们之前说过的 IT 等领域的研发型企业，像我们这种需要多样化人才的企业，还有采取多元化工作方式的企业等，各行各业的实际情况都大不相同。

我的独家秘籍——工作游戏化

目前为止我主要讲了经营者和一线负责人的能力问题，接下来我来说说提升集体运势的公司机制。

我把自己的个人运势转化为公司的集体运势，集体运势的飞轮又给公司提供了强大的内驱力，带来了奇迹的连锁反应，所以才有了现在的PPIH。我很难通俗地给大家解释什么是"奇迹的连锁反应"，因为这并不是我刻意为之，而是自然产生的现象。

"唐吉诃德"成立后，我下放了权力，进货、商品陈列、定价、销售等一切工作都由一线员工全权负责。员工们感受到了公司的信任，所以将全部热情都投入工作当中。在这个过程中，工作变成了一场有趣的游戏，激起了员工们的好胜心。为了争当业绩第一，他们会尝试各种方法。权力下放把工作从枯燥劳动变成了竞技游戏。

赢的人高兴，输的人后悔，这场"游戏"似乎让每个"玩家"都欲罢不能。大家在竞争中进步，公司的潜力也得到了激发，取得了超乎预期的成果。

要想形成奇迹的连锁反应，关键在于把工作游戏化，让每个人都参与到这场游戏中来。

《源流》中的员工须知及行动规范的第八条写着"把工作当成游戏来享受"，还明确规定了

"游戏"的四大条件：明确胜负（分不出胜负的游戏不能算游戏）；时间限制（游戏必须在规定时间内结束）；规则最少化（如果规则太多太复杂，游戏就没意思了）；大范围的自由裁量权（如果有人在旁边指手画脚，玩家就会失去兴致）。

如果不制定明确的规则，"工作游戏化"就始终是一句空洞的口号而已。如果不赋予员工决定权，光是把"享受工作"的想法强加给员工，那和"黑心企业"就没什么区别了。

在真正获得权力以后，员工才会自发地把工作当成游戏，和大家共同切磋。这是刻在我们公司基因里的原则。我可以自豪地说，这是我的独门秘籍。有的人就算读了很多商业经营的书，甚至获得了工商管理硕士学位，也理解不了其中的精髓。

奇迹的连锁反应源于集体亢奋

工作游戏化的范围不断扩大，日本各个分店和分公司的员工们也身陷激烈的竞争中，虽然有时间限制，但输的人总是不甘心，总想再试一次。每个人都沉迷于这场游戏，"玩家"们陷入一种集体亢奋的状态。公司在这股助推力的作用下不断上升，不知不觉中达到了我们未曾设想的高度……这就是奇迹的连锁反应的本质。

"唐吉诃德"1989年成立，1996年上市，在这几年中，一局又一局的游戏从未间断。在我意识到工作游戏化竟然有如此惊人的效果之后，我更加坚定了自己的想法。

我很怀念那段时光，怀念员工们的激情和热烈的工作氛围。我并没有夸大其词，如果当时没有奇迹的连锁反应，PPIH就绝对不会发展到今天的规模。

"唐吉诃德"的特色——"D铁"

工作游戏化和集体亢奋状态的具体表现之一，就是"唐吉诃德"每年都要举办的"陈列铁人（Display铁人）"比赛，简称"D铁"。

员工以分公司为单位组成小组，比拼陈列水平，通过初选的人可以在决赛中争夺"铁人"称号。

随着裁判一声令下，参赛者需要在规定时间

内把商品摆放在货架上。每个参赛者手中都有一张表格，上面记录了待陈列商品的名称、样态、售价和毛利率，以及售价、件数、毛利对不同商品的重要程度等。比赛设有最低陈列数和满分陈列数。公司里的传奇销冠和往届比赛的冠军负责最终评分，判定胜负。

公司会特意租借场地，每场比赛都十分激动人心。综合考虑压缩、毛利、美观性等因素，在短时间内完成商品的陈列工作，堪称神技，人工智能是绝对做不来这种工作的。为了享受胜利的喜悦，每位参赛者都使出了浑身解数。在比赛时，他们周围还有应援团呐喊助威，连主持人都全情投入。

"D铁"是总公司举办的比赛，除此之外，各个分公司和分店也会主动举行其他活动和比赛。员工们在销售一线也互相比拼，欢乐的工作氛围已经成了日常。这些活动把员工们吸进了"热情的旋涡"，"唐吉诃德"的店里每天都充满了乐观向上的氛围（如图7-1所示）。

图 7-1　在"D 铁"比赛中取得优秀成绩的员工正在振臂高呼

大家携手共创美好的未来

从"D 铁"的例子可以看出,"热情的旋涡"让公司的集体运势像飞轮一样高速运转。大言不惭地说,这些"旋涡"正来源于我本人。我身上好像有某种吸引力,总能和别人拉近距离。

不管这算不算一种天赋,总之正是这股看不见的力量推动了 PPIH 的创立,为我带来了辉煌的成就。为了打磨这种能力,形成自身的人格魅力,我也着实付出了不少努力。

在自我实现的路上，我有着超乎常人的动力和热情，这两点催生了集体运势的飞轮。而且这些飞轮像细胞分裂一样不断增加，赋予了公司强大的内驱力，让公司的发展势如破竹。

周围的人总能和我产生共鸣，被拉进"安田的世界"。我吸引的人越来越多，最后我自己也欣然加入他们。大家共同努力，每个人都愈发乐在其中，不知不觉间我身边已经到处都是"热情的旋涡"……"唐吉诃德"初期的成功就源于这样的良性循环。

无论是奇迹的连锁反应，还是"旋涡"的吸引力，归根结底都只有一个原因：我们是并肩作战的伙伴，我们有共同的目标，一起在游戏中升级，一起分享喜怒哀乐。

我的一些朋友曾这样评价："'唐吉诃德'简直就像学校社团一样！"虽然不完全准确，但也差不多。

多样性是"超级幸运体"的前提

《源流》反复强调要重视人才的多样性。还

有一些比较敏感的话题不便于多做探讨，总之这项原则蕴含了《源流》想传递给读者的信息。**和前文提到的吸引力一样，人才多样性是推动公司前进的另一个飞轮。**

人才多样性的本质就是人尽其才。《源流》关于公司接班人的部分第八条写着："'赞美'就是发现对方引以为傲的长处，并且予以肯定。"具体是什么意思呢？

包括我在内，所有人都有自尊心和自卑感。人心就像钟摆一样，在这两个极端之间摇摆不定，这就是人的本质。

努力提升自己不擅长的领域是很重要的，这是有上进心的体现，值得我们尊重。然而在现实中，对于成年人来说，"努力就有回报"这件事早就成了过去时。

当我们积累了一定经验，真正融入了社会以后就会发现：**我们不必为了某些缺点而苛责自己，也不必勉强自己克服内心的自卑感，只要把它们当成一种个性，坦然接受就好。**周围的人也会认可这种多样性的。

把精力用在挖掘自己的长处和优势上，我们

的工作才会更有效率，人生也会变得更有意义。说得简单一点儿，步入社会以后我们要学会专心发挥自己的优势。

很多人都有自己的一技之长，每个人擅长的领域也都不一样。个性的碰撞让企业和社会变得多姿多彩，别具一番风味，也正是个性的碰撞提高了飞轮的转速，让 PPIH 快速发展。

如果一个公司能汇集不同领域的人才，让他们互相补足彼此的短板，那么每个人都能充分发挥自己的一技之长，甚至在自己擅长的领域更上一层楼。这样一来，企业或者集体就能达到前所未有的水平，发挥出超乎想象的强大力量，这就是我们公司努力实现的多样性。总之，**多样性是"超级幸运体"的前提，是一个企业应该优先考虑的问题。**

世界第一的销售能力是怎样"炼"成的

各位读者可能还是想问：像"唐吉诃德"这种个性十足的"异类"是怎么迅速成长为大型流通企业的呢？这个问题的答案我也思考了很久。

一般来说，越是个性突出的企业越难扩大规模，大型企业的同质化现象都比较严重。但我们公司成功消除了这个矛盾，摆脱了"or"的局限，实现了"and"的成功。这背后最大的动力是什么呢？

　　那当然是"超级幸运体"压倒性的销售能力和个店实力。我可以毫不谦虚地说，在这一方面没有任何公司能超越 PPIH。

　　从北海道到冲绳，日本各地的"唐吉诃德"都展现出了高昂的斗志、强大的实力和战斗力。我一直认为，零售行业是局部作战，没有必要把"日本第一"当作分店的目标，因为每个商圈的情况都不一样，几百个"地区第一"加在一起，整体和"日本第一"也差不多。事实上，我们公司的所有分店在各自的商圈内基本都是百战百胜。

　　权力下放的对象不仅限于正式员工，还有奋战在销售一线的八万名同伴。我们公司除了正式员工之外，还有很多临时工和兼职员工，但他们也是我们的伙伴和战友，所以我称呼他们为"同伴"。

前文我说过"士兵跬步胜过将军千里"。在这里我想说，非正式员工的一小步胜过正式员工的一大步。我在《源流》中明确地说："非正式员工是我们公司宝贵的财富。"

迪士尼的员工和"唐吉诃德"的员工的共同点

大家应该见过迪士尼的人偶扮演者吧？这可是很抢手的兼职。很多去兼职的学生之后直接转正，成了迪士尼的正式员工。其实迪士尼的员工和"唐吉诃德"的员工之间有一个共同点，那就是对公司的"情结"。

但在刚开始找工作的时候，两者的动机完全不同。大多数迪士尼员工从小就是迪士尼的忠实粉丝，他们是怀着满腔热情去应聘的。而我们公司就不一样了，大多数员工来应聘的理由都是"这家店离我家近""时薪还不错"。

工作了一段时间以后，员工们的心态才发生了变化。权力下放和工作游戏化让员工们逐渐感受到了工作的乐趣，让他们产生了"'唐吉诃德'

情结"。他们对公司的热情并不逊色于"迪士尼情结"带来的效果。很多非正式员工也选择了转正后留在公司,这一点和迪士尼的情况很像。

迪士尼人偶扮演者的工作是造梦,他们必须给顾客提供情绪价值,这恰恰也是我们公司员工的本职工作。但除此之外,我们的员工还要具备创造力,能从顾客的利益出发,给顾客带来欢乐。

用"感谢和期望"代替"指示和命令"

包括非正式员工在内,所有奋战在销售一线的员工共同创造了公司的集体运势,他们的动力是"感谢和期望",而不是"指示和命令"。

我一直发自内心地尊重、感谢公司的员工,他们也用满腔热情回应我的期望。所以对我们公司来说,一个合格的接班人必须能促进这种良性循环。

"你们要尽最大努力,要好好工作",这种话完全暴露了领导者的私心。我们要舍弃这种想法,用真诚打动员工,把冷漠的指示换成"大家做得很不错。我很佩服大家的工作成果,我非常希望之后能继续和大家一起努力"。各位觉得哪种说法更能激发员工的热情呢？

员工们把劲往一处使，热血沸腾地朝着同一个目标努力，这体现了我们公司的价值和水平，是一件值得骄傲的事情。**希望大家明白，"感谢和期望"才有这样的力量。**

发生灾害时的自主行动

"感谢和期望"与权力下放是一对概念。当人获得信任和权力的时候，就会自主思考和自主行动。创造性的业务和高维度的经营能提升企业的形象，但这些是无法通过"指示和命令"实现的。

在东日本大地震和熊本地震发生后，"唐吉诃德"是受灾地区最早开始售卖饮料食品和生活必需品的。由于停电，收银台没法使用，各店就用计算器手动结算。可以说"唐吉诃德"当时充当了日本的基础设施。不仅如此，"唐吉诃德"还免费提供赈灾物资，为顾客提供新鲜的食品，这让受灾地区的群众十分感动。

总公司和我从头到尾都没有下达过任何指

令，一切都是员工们根据现场的情况做出的决定。如果公司的运作只靠上级的"指示和命令"，那灾害发生的时候员工们肯定不会采取任何行动。对员工的"感谢和期望"让我选择下放自己的权力，灾害发生的时候，我再次为自己做出了正确的选择而感到骄傲。

鼓舞人心的"倾听大会"

让我们回归正题。PPIH的非正式员工有8万人左右，我是怎么做到权力下放的呢？我很注重正式员工和非正式员工之间心连心的交流。我明白人性的弱点，但我仍然选择完全信任我的员工。基于性善论，我决定下放权力。

员工们需要的不只是工资的回报，经营者要最大限度地提升他们的动力和荣誉感，满足他们寻求认可的心理。这就是"唐吉诃德"保持强大实力的秘诀，也是企业精神的核心。

我们公司会定期举办"对话集会"，让非正式员工与公司的干部、基层管理者展开交流。虽说是"对话"，其实公司员工主要扮演了倾听者的角色。

在"倾听大会"上，非正式员工可以畅所欲言，提出自己在销售工作中的不满和要求。虽然这对领导层来说也算是个繁重的任务，但他们还是会耐心地倾听非正式员工的想法，并且毫不吝啬地给予自己的夸赞。当一个人被认可的时候就会想回应对方的期待，这叫作"互惠关系定律"。相反，如果一个人总被批评，他就会渐渐失去动力。所以，我们要对别人的长处给予十二分的肯定。

"倾听大会"让非正式员工的工作热情攀升，战斗力拉满。员工们树立起团队信念，让经营的良性循环和公司的上升螺旋更加稳定。我们公司的领导者必须具备维持这种良性经营状态的能力。

独断专行导致集体的衰落和灭亡

在本章的最后，让我们重新回顾一下之前的内容。作为经营者，我想总结一下自己对提升集体运势的想法。除此之外，我还会讲到"大吉经营者"和"大凶经营者"的区别。

下文节选自《源流》中关于"九条经营铁则"的解说。

不管一个人的工作能力多强，如果他德不配位，就不可能成为我们公司的领导者。受到员工爱戴和拥护的领导加上发自内心尊敬领导的员工，二者合力才能形成信赖与尊敬的良性循环。这才是公司希望看到的局面。

相反，也有一些只会作威作福的领导和一味谄媚的员工。如果这样的员工成了领导，他们就会仰仗职权，强迫下属对自己极尽讨好……这就是权力与迎合的恶性循环。基于恐怖与服从的上下级关系是我们公司的大忌，一定要杜绝这种现象。

——摘自《源流》"九条经营铁则"的解说

简单来说，PPIH 对独断专行采取零容忍的态度。独断专行是权力下放的反义词，是另一个极端。独断专行会剥夺员工所有的权力，强迫他们服从上级的意志，这会导致员工丧失创造性。

独断专行不会带来任何好处，而且会严重拉

低集体运势，导致公司的衰落和灭亡。放眼当今世界和古今中外的历史，这样的悲剧不胜枚举。

几百年前，独裁曾是非常有效的统治手段。中世纪文艺复兴时期的政治思想家尼科洛·马基雅维利在他的著作《君主论》中说过："（君主）令人畏惧比受人爱戴安全得多。"他认为强势的君王和独裁政治是很有必要的。

中世纪的欧洲和日本战国的动乱时期一样，血腥的战争一场接着一场。在弱肉强食的残酷世界里，稍微放松警惕就会死无葬身之地。国家的统治者手握绝对权力，用恐惧支配着国民的生活。这是当时统治国家最有效的方法。

但是现代，大部分劳动者有权利自由选择自己的职业。这和马基雅维利生活的时代简直是天壤之别。比起高压型领导，每个员工都希望自己能在尊重他人意愿的领导手下工作。

用恐惧强迫属下服从是最恶劣的行为

现在让我们切换到经营者视角。一些经营者之所以凭自己的意愿随意支配员工，是因为他们怕被员工看不起，所以他们就会利用恐惧心理给员工施压，强迫员工服从自己。这会让他们感受到自己的权威，沉醉在领导者的世界里。

下面三个例子都属于非常恶劣的情况，我非常憎恶这种领导。

案例一：从来没有和颜悦色的时候，总是板着一张脸，做的事和说的话也经常让员工摸不到头脑。

案例二：在大家没有任何心理准备的情况下，突然大发雷霆，尤其恶劣的就是"欢乐终结者"——在大家兴致勃勃的时候泼上一盆冷水，让员工因为否定而垂头丧气。

案例三：从来不接受任何反对意见，也不接受现实和眼前的证据，只会把自己的想法强加给下属。

这些类型的人永远也成为不了一流的经营者，他们顶多是三流、四流的水平。公司的经营者又不是恶势力老大，只能靠压迫感统领下属。这些经营者的评分甚至都达不到零分，只能是负数。

不只是经营者，基层管理者也一样。有的人总喜欢打破和谐的氛围，给别人泼冷水。"唐吉诃德"刚成立的时候，公司里有很多这样的人。虽然他们的能力不差，但我也只能请他们另谋高就了。

"恐惧与服从"能帮企业在短期内提高业绩，但长此以往，企业早晚要衰运连连，最终分崩离析。这种例子我见得太多了。很多经营者比我能力更强，每天起早贪黑地工作，但他们最终都在商业场上销声匿迹了。还有一些公司的销售额总是卡在几十亿日元，怎么也提不上去，这些公司的经营者基本都属于独断专行者的类型。

"大吉经营者"和"大凶经营者"的决定性因素

我一直认为，**人格魅力是经营者最重要的能力。**

我说的人格并不是像特蕾莎修女那种慈善、慈爱的品格，也不是独断专行者那种强势的气质。

我说的人格是感同身受的能力，和他人共同憧憬未来的能力。说实话，我从来没想过靠权威来压榨自己的员工。只有受人拥戴的经营者才能让员工心甘情愿地努力工作，这种企业的集体运势才会越来越好。

我说了这么多并不是想炫耀自己的成功。其实我年轻的时候也有好几次差点儿没经受住独断专行的诱惑，我甚至觉得自己很擅长给别人施压。因为在和其他企业的竞争中，我经常采取高压手段。

但在公司内部，我一直严格控制自己。我选择了独断专行的另一个极端——权力下放，所以PPIH才有了今天的繁荣。如果我一直通过独断专行手段控制公司，公司在初期可能会发展得很好，但绝对跨不过百亿营业额的大关，更不要提2万亿日元了。

如果经营者始终把《君主论》的观点当作经营信条，那企业就离倒闭不远了。我深知这一点，所以一直严于律己。为了增强企业的内驱力，我选择了下放权力。这条路荆棘丛生，并不是通往成功的捷径，但一路走来我们却收获颇丰。以上

就是"大吉经营者"和"大凶经营者"的决定性
因素了。

第七章要点

- 士兵跬步胜过将军千里，这对公司的经营来说是很重要的。

- 人格魅力是经营者的必杀技。学会感同身受才能调动员工的积极性，在实战的打磨中加倍发挥集体运势的效果。

- 动员团队靠的不是"指示和命令"，而是"感谢和期望"。

- 不要把工作当成劳动，要把它当成一场竞技游戏。

- 独断专行会导致集体的衰落和灭亡。

专栏 《源流》是关于技能重塑的终极之书

"唐吉诃德"成了哈佛大学经济学院的教学案例

前几天我读到了一篇经济报道，上面说哈佛大学经济学院的知名教授把"唐吉诃德"的案例收入了教材，在课上和学生们展开了讨论。哈佛大学经济学院在商业模式的研究方面处于世界领先地位，曾培养出了一批又一批优秀的 MBA 人才。

"唐吉诃德"打破常规的商业模式竟然能成为哈佛大学经济学院的研究对象，这让我感到十分荣幸。同时我也不禁感叹，时代的发展真是日新月异。"唐吉诃德"曾经因为"反连锁店主义"被看作流通行业的异类，但现在竟然能被世界第一的经济学院当作正面教材，这是我做梦也没想到的事。

但不管这些研究者有多优秀，不管他们

用什么方法进行分析研究，从他们的理解和认知出发，都很难触及"唐吉诃德"成功的本质和集体运势的概念，或者应该说，越是优秀的人，就越难意识到这一点。

"唐吉诃德"就像一个"人生剧场"，在这里可以取得生活和人际关系的硕士学位。包括顾客在内，形形色色的人在"唐吉诃德"展开了激烈的角逐，压倒性的竞争力就是这样锤炼出来的。

"打破常规的商业模式"的本质就在于此。就算哈佛大学的经济学院世界领先，精英云集，我想大概也很难挖掘到这个层面。从这个角度来说，任何工商管理的教材都没法和《源流》相提并论。这是一本视角新奇的"实战兵书"，也是一本无价的"人生之书"。

为何当今社会需要技能重塑

近年数字化转型席卷各行各业，人工智能也在急速发展，时代的进步让商业思维模式发生了很大改变。

积极引进先进技术的背后，是日益严峻的社会问题——老龄化现象和劳动力短缺。企业要想尽可能灵活地应用人工智能等先进技术，需要每个员工都能掌握最新的知识和技术，所以技能重塑（职业能力的再开发、再教育）愈发受到人们的重视。

数字化和人工智能正在抢夺人类的工作机会，不少人可能会因此失去工作。技能重塑正是为了避免这种情况发生。

我在本章中反复强调过，人格魅力就是最强的能力。构建良好的人际关系，形成良性竞争，能提升集体运势，"唐吉诃德"之所以拥有世界第一的压倒性销售实力，关键就在于此。

不管人工智能有多神通广大，它们始终没有独立的人格。就算它们进化出超越人类的智慧，也学不会如何支配"运"。人工智能终究没有人类的情感，如果人工智能能说出"我懂你"或者"我们一起加油吧"

这种话，人类肯定早就吓得把机器砸烂了。

"唐吉诃德"的员工所具有的人格和情感正是人工智能欠缺的，所以他们不可能被人工智能取代。

第八章

压倒性胜利的美学

什么是压倒性胜利

想要提升运势，光想着胜利是远远不够的，要把压倒性胜利当作目标。

当"唐吉诃德"的营业额还不到 100 亿日元的时候，总有人对我说："安田，你的运气不错嘛！看来你是好运达人啊！"身边的人都这么说，久而久之我自己也觉得我运气确实很好。但现在想来，他们的话多少带着点儿嘲讽的意味。他们想说的应该是："你只是偶尔走运而已，下次可就不一定了，你肯定有失败的那天。"

但我们公司的营业额突破 2 万亿日元以后，再也没人说这是因为我的运气好了。看着公司的辉煌成就，大家话锋一转说："光靠运气哪儿能有现在的成功啊！这都是因为安田一直以来的努力啊！"当一个人的成功达到了难以企及的高度，**身边人的嫉妒就会"熄火"了。**

美国职业棒球大联盟的大谷翔平连续两次打出全垒打，大家都夸他"不愧是大谷选手"，但没人会说他运气真好。像大谷翔平的这样的人，所有人对他都只剩崇拜，基本没什么人会去嫉妒他。真正的压倒性胜利指的就是这种状态。

压倒性胜利不是贪婪，而是一种美学

如果用我的话定义压倒性胜利，我认为是发掘"潜在的胜利"，并一步一步把可能性变成现实，最终大获全胜，不给对手反击的余地。

但据我观察，大多数人对"潜在的胜利"并没有洞察力，白白错过了很多机会，能赢的机会很少，但输的概率却很大。为了填补失败造成的损失，我们必须抓住为数不多的机会，不要让机会在自己眼前溜走，要把它们转化为胜利的果实。

比如说，无人出局满垒的情况下却只得了两分，我们估计只能气得跺脚了；心浮气躁时，就算有一个全垒打的机会，我们也很难接住。只有一步一步稳扎稳打，才能走向最终的胜利。我们要敢于争取压倒性胜利，这种无畏的气魄就像吸铁石一样，能把好运吸引到我们身边。

看到这里，大家可能觉得压倒性胜利就是人的贪欲，其实不是这样的。只有把它看作一种美学，我们才能得到好运的眷顾。

无论是大谷翔平还是花滑选手羽生结弦，我们不能只看到他们对成功的渴望，还应从他们成功的过程中体会到一种美感。正因为心无杂念，他们才能成为世界瞩目的运动员。**这种自律的态度也是好运的源泉。**

我曾被私欲冲昏了头脑

除了把压倒性胜利作为终极目标，还有一点也很重要。那就是在努力的过程中，不要掺杂一己私欲。大谷翔平和羽生结弦绝对不是为了钱和名利才去参加比赛的，他们心里唯一的欲望就是胜利。

做生意也是一样。想赚更多钱，想被更多人认可，这都属于狭隘的私欲。一旦让私欲蒙蔽了双眼，人就会变得贪婪，过于急功近利也容易招来别人的嫉妒，最后损害自己的运势。**所以我们不能被私欲左右，要"淡泊"地追求胜利。**

我年轻的时候，完全理解不了这一点。那时候我一心想着要多赚点儿钱，要让别人高看自己一眼。我心里只装着自己的事，简直是被私欲冲昏了头脑。

我拼命努力终于让店铺有了点儿起色，也赚到了一些钱，但这离我想达到的水平还相距甚远。我总觉得自己能做得更好，但现实中我却还是高不成低不就。于是我陷入了自我矛盾的状态：难道我真的就这样了吗？那段时间是我人生中最灰暗的日子，现在我还是不愿意回想。

经历一番曲折后，我创立了"唐吉诃德"。一开始我急于扩大公司的规模，1995年我开始正式扩张门店，1997年新宿店开业让"唐吉诃德"彻底爆红。"'唐吉诃德'风暴"迅速席卷全日本，各个分店门口都开始大排长龙。

但这个时期，我依然只想着自己的成功。

人不能只考虑自己

正当我春风得意之时，命运给了我当头一棒——"唐吉诃德"遭遇了重大危机。

我在第二章说过，当地居民反对新店开业，举行了大规模的抗议活动。但我偏偏又是吃软不吃硬的性格，我并不打算妥协，反而摆出了一副强势的态度。无论是新店开业还是店铺的营业时间，从法律上来看都没有任何问题。况且顾客们一直非常满意我们的服务，认为在"唐吉诃德"购物"方便又快乐"。那我们有什么错？等着看吧，"唐吉诃德"是势不可挡的。但这种态度无异于火上浇油，更加激化了民众的反对情绪。于是，我们公司陷入了恶性循环。

在和投资人的接触中，我逐渐意识到了自己的问题。抗议活动那段时间正好赶上"唐吉诃德"上市，我必须挨家挨户拜访各位投资人。抗议活动闹得我很没有面子，但那时我才知道原来有这么多人相信我们公司，愿意投资给我们。有人批判"唐吉诃德"给他们的生活造成了困扰，但也有人认为我们公司很有前景，愿意支持我们。那时我才意识到自己的狭隘。

人不能只考虑自己，只关注自己的利益是不行的。我在心里发誓，一定会好好回报那些信任我们公司的人。

我希望员工们获得幸福

在下放权力的过程中，我也有相同的感受。

"唐吉诃德"刚成立的时候，我只相信我自己。我把自己放在"主投手"的位置，认为只要自己努力奋斗就够了。我不放心把工作交给别人，凡事都亲力亲为。但慢慢我发现，这样根本没法满足店铺扩张的需求，公司也很难取得更好的发展。而且和其他行业相比，零售业对劳动力的要求更高，需要更多人的参与，是一场团体战。

那时我才意识到，人不能只考虑自己。所以我毅然决然地把权力下放给了员工。

说实话，刚做出这个决定的时候，我其实还存在着一部分私心：把权力交给他们真能行吗？我自己肯定比他们做得更快更好。但看到员工们认真工作的状态，我的想法发生了改变。

我对销售工作的艰辛深有体会。进货、商品陈列、定价、销售，这些全都要靠一个人独立完成，工作量之大不难想象。我开始担心我的决定是不是给员工们增加了太多负担，但员工们反而精神饱满地投入到工作中。看着他们拼命工作，努力完成目标的样子，我发自内心地希望他们获得幸福，希望他们能快乐地工作。那一刻我感觉自己真正地成长了，因为我不再只想着自己。

做生意需要一种快感

让我们再说回公司刚上市的时候，我和投资者见面以后，改变了自己的想法。我自己怎么样都无所谓，反正不能辜负这些人的信任。褪去利己主义的外壳后，我感觉自己浑身轻松。

之后又过了几年，45 岁的时候，我认清了一个现实：像我们这种零售行业必须学会站在顾客的角度思考问题，做不到"顾客至上"，就绝对不会成功。如果总想着"我要多赚点儿钱"，连一己私欲都无法舍弃，还何谈未来呢？

意识到这一点之后，我消灭了自己的私心，

终于脱胎换骨。我不再急躁地想"我要如何如何"，而是把一切都交给了大家。这样的蜕变连我自己都感到震惊。

但我并不是完全无欲无求了，我的心里还是有欲望的。我渴望那种令人浑身战栗的刺激。在生意场上，我喜欢对未来做出预设，放手一搏。在乾坤未定之时，紧张和压力总会席卷而来，但同时我又感受到一种难以名状的快感。这么说来，我可能是个"变态经营者"吧。

我是个乐于解决问题的人，但我的大脑里有很多"思维瓶颈"，思考问题的时候容易陷入僵化状态。如果能突破这些瓶颈，那眼前的问题就都能迎刃而解了。

可是各种办法都行不通，我感觉自己的脑细胞已经快被榨干了。有一天我突然感觉自己的思路被打通了，那一瞬间我获得了极大的快感。为了保持这种快感，我不断尝试突破新的瓶颈。

解决了一个问题之后，我就继续开始新一轮的假设和验证，我像小孩一样沉迷于这场挑战的"游戏"。这很像是"变态经营者"会做的事。

我在生意中追求的就是这种快感，金钱和名

利只是成功的证明，那些都是可有可无的东西。50岁过后我终于认识到了这一点，之后我和公司的运势也大大提升了。

从私欲中解放

我开始创业的时候已经不算年轻了，但50岁以后，我才真正在人生中、在企业经营中取得了一些进步。在摆脱了私心的束缚以后，我开始快速成长。谁能想到曾经被私欲冲昏头脑的安田隆夫竟然能变成现在这样呢？我的心境也和之前大不相同了，现在我的心情舒畅轻快，肩上的担子好像也没那么重了。

回首我的人生，20岁到40岁是"混乱期"，41岁到50岁以后是"黎明期"，51岁到60岁以后是"跃进期"，60岁以后是"飞跃期"。

我的人生步入"跃进期"以后，PPIH取得了突飞猛进的发展，但这都得益于全体员工的努力，我对他们表示衷心的感谢和敬意。同时我希望我的员工们不会后悔选择了PPIH，希望在这里的工作经历能成为他们宝贵的回忆。

到了"飞跃期"以后，PPIH压倒性优势进一步显现。2009年6月，我60岁的时候，公司的年收入已经达到4800亿日元了。而现在，公司的年收入已增加至那时的4.2倍，平均每年增加了1000亿日元。

公司规模不断扩大，销售额和利润也在持续增长，PPIH正朝着"内驱型超级幸运体"一步步迈进。

我现在已经75岁了，按理说到了该退休的年纪，但我仍在努力推动公司的发展，甚至比以前更有干劲。现在的我已经摒除了私心杂念，只希望我的"孩子"PPIH能茁壮成长，我的员工能收获幸福。我会继续克己奉公，和大家一起走下去。

第八章要点

- 只想着胜利是不够的，要追求"压倒性胜利"。

- 压倒性胜利不是贪欲，而是一种美学。

- 人不能只想着自己，舍弃一己私欲才能离"压倒性胜利"更近一步。

想取得压倒性胜利,就不能只盯着"红海"市场,要勇于开拓"蓝海"。"蓝海"市场指的是不存在竞争或者竞争没那么激烈的市场。"唐吉诃德"一直争当"蓝海"开拓者,所以才能取得今天的成就。

压倒性胜利源于独一无二的业态

"唐吉诃德"推翻了零售行业的常识,彻底否定了连锁店主义,把权力全部下放给了一线员工。"个店主义"就是在此基础上产生的,正因如此"唐吉诃德"才能在日本迅速扩张。

"唐吉诃德"(包括"MEGA 唐吉诃德")旗下的所有店铺都有相同的商号和销售方式,店铺规模从几十坪扩展到几千坪。从市中心独立门店、商场店到郊区沿街店,"唐吉诃德"的身影遍布各地,选址广也是店铺迅速扩张的原因之一。像"唐吉诃德"

这种规模的零售店，全世界估计也找不出第二家。

除了之前说过的"个店主义"，独一无二的业态也是一个关键因素。没有同领域的竞争对手，是我们公司获得压倒性胜利的最大原因。

"唐吉诃德"的传统——"有业态，无业界"

市场上没有"'唐吉诃德'业界"，"唐吉诃德"的每家店铺都是独一无二的，所以我们公司才能在"蓝海"中畅游。我把这种状态叫作"有业态，无业界"，这是"唐吉诃德"的传统。

"唐吉诃德"从零出发，成长为年营业额2万亿日元的企业。这些年，我克服了一个个经营的难题，学会了站在顾客的角度思考问题。我猜测顾客的想法和需求，不断创造、打磨新的业态，这才开辟出了一片"蓝海"市场。

相反，"红海"市场已经趋于饱和，连

锁店的同质化现象非常严重。试图在"红海"市场里捞金的公司，基本没有几个能成功。所以我坚决抵制"连锁店主义"，自己开创了独一无二的新业态。

PPIH 的诞生经历了很多苦难，但之后进军"蓝海"市场的发展阶段反而轻松了很多。大家都说"生儿容易养儿难"，但企业经营却正相反，"难产的孩子"反而更好养活。这就是"有业态，无业界"的本质，也是压倒性胜利的美学要义。

不要选择平坦的路，要敢于选择荆棘丛生的路，越是困难的路上就越容易收获意想不到的成果。

把"蓝池"变成"蓝海"

不过想做到这一点是很难的，因为"蓝海"开拓者的身边充斥着反对的声音。在我们行动之前，他们会说"这种事肯定不行，很难成功的"，失败了以后他们又要说"我早就跟你说了，肯定不行"。总之，他们会把我们贬低得一文不值。

但我们不能惧怕失败。不仅如此，我们还要迎难而上，这样才能享受别人享受不到的成功。我开"唐吉诃德"一号店的时候就是这种想法。权力下放为我们公司带了巨大成就，但当初我也面临着相同的困境。

一两家分店的成功具有偶然性，怎么说也只能算是"蓝池"，我们必须努力把"蓝池"扩展为"蓝海"。这需要经营者下放权力，调动员工的积极性，更需要把个人运势转化为集体运势。

人间赞歌才是我的生活

"运"到底是什么呢？现在我觉得，它就是我的生活。**生活的本质就是人与人之间不可割舍的感情和彼此探索的欲望，这就是我的"人间赞歌"。**

"偏爱和倾斜"的根源

我小时候最讨厌的事情就是学习，但是热衷于格斗和冒险，平时也总爱看这类的书。对于一个孩子来说，我已经算是个冒险"小行家"了，这让我感到非常自豪。但是，我和好朋友谈到这些话题的时候，没人能理解我。我对流行的电视节目和漫画都不感兴趣，所以和班里的同学们也找不到共同话题。我总感觉自己和周围的人格格不入，这种想法从孩童时期就一直伴随着我。

我在岐阜县大垣市长大，那里是个保守的小地方，只要稍不合群就会被冷眼相待，所以我一直刻意隐藏真实的自己。不知不觉中，我的自我认知开始扭曲、膨胀，我心里一直有种强烈的疏离感和孤独感。现在想来，我当时确实是个孤僻的小孩。

我一直在压抑自己的感受，克制自己的冲动，所以整个人也变得爱钻牛角尖，只注重自己的感受。我从心理上对自己产生了一种"偏爱和倾斜"，有时我也会情绪失控，把身边的人吓得不轻。总之，当时我是镇上有名的"问题儿童"。

但从结果来看，"唐吉诃德"之所以能找到自己的风格，取得压倒性胜利，和我的个性也有很大关系，所以我也不知道这算不算一件好事。

我对他人充满了探索欲

像我这种性格的人一般有点儿自闭倾向，不怎么爱和人打交道，但不知道为什么，我却正好相反。我对他人充满了探索欲，时常怀着一颗宽容和尊重的心。我这种情况比较少见，也算是个特例吧。

"读万卷书"是满足不了我的，后来我又开始"行万里路"。我去了亚马孙、苏丹、伊里安查亚等地区，探索书中的"秘境"，那里有很多人都愿意和其他民族的人交朋友。我从没有停下探索的脚步。年轻的时候，我隐瞒了自己大学生的身份，每天住在工地的集体宿舍。平时我总是一边干活，一边津津有味地观察我的工友们，工地仿佛就是我身边的"原始社会"。

在横滨寿町的贫民窟能看到人间百态。那时，我经常会想：这样下去，我的人生是不是会和他们一样？这些人就这么自甘堕落吗？人世间成败的缩影像一面镜子，我从里面看到了自己的身影，这让我感觉如芒刺背。从这时候开始，我对"运"的感知力觉醒了。

丰富的知识和阅历就像巨大的原始森林

我非常喜欢人。千人千面，每个人都是人生剧场的主人公，在生活中品味喜怒哀乐，经历迷茫与纠结。观察人们的生活是我最大的乐趣。

一个人的生活不稳定性越强，人生经历越是波澜壮阔，就越能引起我的共鸣，让我想全力支持他。

现在我仍然好奇那些和我完全没有交集的人拥有怎样的价值观，过着怎样的生活。比如贫困的年轻女性和流浪儿童，我经常从书里了解他们的生活。这只是因为我对人抱有一种单纯的兴趣，某些人能让我看到自己年轻时的影子。

现在我已经是个老人了，但岁月并没有磨灭我对人、对世界的热情。我的知识和经历是普通人的几十倍之多，它们就像我心中的原始森林。广博的知识和丰富的阅历让我成了一名杂家，不管对方和我聊什么，我都能从容地展开话题，很多人都很佩服我这一点。

乍一看，这些知识和经验似乎对商业经营并没有什么帮助，却给我带来了意想不到的好运。兴趣的集合孕育了新创意，造就了"唐吉诃德"的新业态。

温柔、理解与同感

最后我想说，我们要发自内心地理解他人，温柔待人，学会感同身受。

不管一个领导者的能力再出众，如果他一点儿人情味都没有，还会获得同伴和下属的信任吗？换位思考一下就知道，答案当然是不能。不懂得关心别人的人是冷漠的人，这种人不会得到好运的眷顾。**我们要对周围的人敞开心扉，发自内心地理解他人，温柔待人，学会感同身受。这才是吸引好运的最佳方法。**

最后的最后，我想说一点儿煽情的话，大家可能会有点儿惊讶。请记住，"人间赞歌"是好运的直通车。

所以，我衷心祝愿各位读者都能获得幸福。如果各位从明天开始能试一试我的方法，相信你的人生或者公司的运势一定会慢慢发生改变。如果我们都能点亮一盏盏希望的灯，那人类的集体运势也将得到改善。

希望大家都能勇于挑战，吸引好运，皆大欢喜。感谢大家看到这里。

《源流》(部分节选)

【企业原理】

顾客至上主义

- 顾客至上主义是 PPIH 不变的原则。
- 一切活动的策划和实施都要遵循顾客至上主义。
- 员工必须遵循公司的经营理念,以确保实现顾客至上主义。

【经营理念】

第一条　无私经商,诚信经商,无愧理想与道德。

当今社会竞争激烈,消费趋于饱和,只考虑自身利益或者要小聪明是行不通的。所以我们必须站在顾客的角度思考问题，忠实于公司的原则理念，一步一个脚印，诚信经营。为顾客和社会做贡献能提升我们公司及员工的使命感和荣誉感，形成良性循环。诚信经商才是制胜王道。

第二条　永远让顾客保持新鲜感和兴奋感，为顾客提供物美价廉的商品。

让顾客感觉买到就是赚到，为顾客提供愉快的购物体验——无论时代如何变化，这都是我们公司不变的铁则。具体表现为让顾客保持新鲜感和兴奋感，创造非日常的娱乐感以及时间消费感。我们不只是零售业，更是流通业。我们要通过创造空间，为顾客提供新的价值。但务必牢记，这一切的前提是打造"低价商品的买场"。

第三条　大胆放权给一线员工，保证人尽其才。

权力下放和人才评估是一对概念。只有准确地对人才进行评估，才能大胆把权力下放到一线。所以我们要经常审视人员分配情况，保证人尽其才，要大胆、灵活地帮助公司进行新陈代谢。我们最值得骄傲、最应该死守的武器就是"顾客亲和力"。

第四条　敢于随机应变，进行"创造性破坏"；

不可安于现状，尽听天命。

零售行业的本质在于随机应变，不论何时都要保持敏锐的头脑。要想随机应变，就不能满足于过去的成功，要敢于进行"创造性破坏"。要牢记这一理念，不能安于现状，坐吃山空，要保持、发扬"事在人为"的企业精神。

第五条　果断迎接挑战，勇于正视失败，进退有度。

我们公司注重革新，不断开发新业态。我们的基本方针是无惧失败，果断出击，保留有前景的业态。要客观地进行判断，无论新旧业态，只要难以推进就直面现实，在损失没有进一步扩大之前迅速撤退。拥有撤退的勇气，才能积极迎接下一次挑战。

第六条　不义之财不可取，大力发展核心业务才是正道。

第五条中"果断挑战"的范围当然是有限定的。要把独特性作为武器，选择我们公司有绝对把握的业态和业务，对周边的竞争对手进行精准打击。不能为了追求不切实际的利益而盲目开展业务。零售业务是我们公司的支柱，要保持零售业务的核心地位，不断精进零售业务和其他相关业务。

【员工守则及行为规范十条】

第一条　要有不屈的斗志和顽强的韧性，能从挫折中站起来。

第二条　要对店铺、商品、客户倾注热情。

第三条　要在实战中磨炼感受力，学会灵活变通，培养活跃的思维。

第四条　做事不能只靠毅力，还要激发自己对胜利的渴望，培养强大的实力。

第五条　时刻谨记换位思考的重要性，站在对方的立场考虑问题。

第六条　基层领导要有培养接班人的意识。

第七条　无论职位高低都要尊重个体多样性，学会认可他人。

第八条　把工作当成一场游戏来享受。

第九条　不要为"做不到"找借口，想办法让不可能成为可能。

第十条　二选一是很轻松的，但要设法做到二者兼得。

【管理铁则九条】

领导篇

第一条　不要作威作福。

弱犬狂吠。没有自信的领导才会在下属面前虚张声势，作威作福。真正有实力、有见识、有声望的领导是绝对不会仗势欺人，给下属施压的。职位越高越要谦卑，要友好地对待下属和周围人。

第二条　不要迎合下属。

这和第一条概念并不冲突。在开展工作时，领导不能被感性左右，不能刻意迎合下属的节奏。领导必须坚定目标，完成自己该做的事，这本来就是领导的职责所在。

第三条　不要把自己当成掌权者。

上下级指的是职位上的高低之分，仅限于开展工作，而人本身并没有三六九等之分。如果领导滥用职权，把自己当成掌权者，那就完全违背了"权力下放"的企业理念，我们公司绝对不允许这种人的存在。

第四条　不要用恐惧支配下属。

领导有人事权，相当于在职场上掌握着"生杀予夺"的大权。所以下属往往会根据上司的脸色行事，忽视顾客的感受，这无异于本末倒置。我们公司秉持"顾客至上"的原则，绝对不允许这种事情发生。所以无论在什么情况下，上司都不能利用恐惧支配下属。

第五条　要尊重个体多样性。

领导的职位越高，手下管理的员工就越多，就越免不了和形形色色（性别、年龄、国籍、履历、思维方式、兴趣爱好等方面）的人打交道。领导要尊重个体多样性，做到一视同仁，不能把自己的价值观和生活方式强加给下属，带领员工达成业务目标是领导者必备的资质和能力。

第六条　要进行彻底的自我管理。

领导是下属的榜样，在生活、健康等各个方面都要进行彻底的自我管理。职责越大，权力越大，就越要严格遵守本条规定。比如有的领导会强迫下属陪自己喝酒，这是我们公司坚决不能容忍的行为。

下属篇

第一条　要注重礼节。

面对领导时要注重礼节，对领导心怀敬意。如果一个员工面对领导都做不到热情问候、应答得当，那他们在顾客面前的表现也可想而知。我们公司奉行顾客至上主义，所以不懂礼节的员工不适合站在我们公司的销售现场。

第二条　不要自大。

领导坦诚亲切固然是好事，但下属不能因此得寸进尺，更不能目中无人，不把领导放在眼里。言行举止没有分寸的员工是最不应该的员工，有些情况下，领导不得不敲打那些容易骄傲自满、得意忘形的下属。

第三条　要清晰地表达自己的意见。

权力下放是我们公司的工作方式，如果员工对工作有自己的想法和见解，应该清晰地和领导阐明，领导会根据情况做出合理的判断。他们就算没有采纳员工的想法，也会时刻保持倾听的姿态。这是我们公司的领导者必备的品质，所以员工们尽可以大胆发言。如果公司里全是唯唯诺诺、只会听从指令的员工，那权力下放也就推行不下去了。

如果直属领导作威作福，经常给属下施压，那也没有必要对他阿谀奉承。一味地迎合只会让他们变本加厉。一旦发现这种情况，公司会对这些人进行降职处分，所以员工只需要做好自己，保持基本的礼貌和尊重就可以了。

【公司接班人守则十二条】

第一条　PPIH 不需要"教练"。

公司需要的是队长，是队员兼管理员，是一个不论何时都能身先士卒，与集体共荣辱的人。

第二条　真正的领导者能行使"不想行使的人事权"。

如果一个领导者不能合理地行使公司赋予他的人事权，就等于没有彻底履行职责。降职等消极处分是领导者最不愿意行使的人事权，但真正的领导者总能果断地做出裁决。

第三条　权力下放的范围要窄，程度要深。

在明确责任范围的前提下，把工作分配给员工。如果权力下放的范围太窄，程度太浅，让过多人参与到工作过程中，就没法实现真正的权力下放了。

第四条 明确成败标准，明确时间限制，规则最少化，大范围的自由裁量权。

这是下放权力时的必要条件，也是把工作转变为"竞技游戏"的四大要素。

第五条 敢于"剥夺"自己的权力。

每个领导者都是获得了一定权力后，才慢慢成长起来的。为什么领导者身居高位以后却不愿意下放权力了呢？只满足于做好本职工作，安于现状，手下的员工是不会进步的。领导要有培养继任者的意识，自己才能更上一个台阶，这也是权力的下放、再下放。

第六条 不管员工对自己支持或反对，都要真诚、公正地对他们做出评价。

这是实力主义的前提。领导绝对不能受个人感情左右，随意对员工做出评价。如果领导者做了决定却得不到反馈，什么都不做也没人来批评，那公司离倒闭就不远了。

第七条 员工最需要的不是栽培，是信赖。

正如字面意思，"信赖"就是信任加依赖。

如果员工感受到了领导的信赖，就会努力回应领导的期望，开始独立思考、成长。只有这样才能创造良好的职场环境。

第八条 "赞美"就是发现对方引以为傲的长处，并加以肯定。

人都会自然地注意到对方的缺点，忽略对方的优点。但站在对方的角度想一想，每个人都希望有人能发现自己的长处并加以肯定。

第九条 "打一巴掌再给个甜枣吃。"

两者的顺序千万不能搞错。如果一开始就和颜悦色，那大家会把你的好当作理所当然。一开始要对员工严厉一些，之后再慢慢发现他们的优点，给予他们肯定和鼓励。因此这样才能建立真正的信任关系。

第十条 优秀的员工未必能成为优秀的领导。

想从一线工作者晋升为领导者，不仅要知道该怎么做一名忠实的员工，还要知道该怎么做一名值得信赖的上司。能否全盘接纳一个员工，既能发现他的长处，也能包容他的不完美，这就全看一个上司的器量了。

第十一条　员工不是领导一个人的员工，是公司的财富。

员工是企业最宝贵的财富，领导的职责就是实现财富最大化。领导最应该关注的事情就是如何为人才提供大展身手的平台，如何把每个人都安排到最适合他们的岗位上去。

第十二条　不懂得换位思考的人无法成为真正的强者。

强势的人未必是强者，真正的强者是能和别人感同身受的人。认识到这一点是成为领导的第一步。